Pflanzen erobern das Land

Hans-Joachim Schweitzer

Kleine Senckenberg-Reihe Nr. 18
Herausgegeben von Prof. Dr. Willi Ziegler
Forschungsinstitut und Natur-Museum Senckenberg
Senckenberganlage 25
D-6000 Frankfurt am Main

Kleine Senckenberg-Reihe Nr. 18

Alle Rechte vorbehalten!

Herausgegeben von Prof. Dr. Willi Ziegler
C Senckenbergische Naturforschende Gesellschaft, Senckenberganlage 25,
D-6000 Frankfurt am Main

1. Auflage 1990

Verfasser:
Prof. Dr. Hans-Joachim Schweitzer,
Paläontologisches Institut der Universität Bonn, Nußallee 8, D-5300 Bonn

Für den Inhalt der Texte ist der Autor verantwortlich

Redaktion:
Priv.-Doz. Dr. Friedemann Schaarschmidt,
Forschungsinstitut Senckenberg, D-6000 Frankfurt am Main

Graphische Gestaltung:
Eveline Junqueira,
Forschungsinstitut und Natur-Museum Senckenberg, D-6000 Frankfurt am Main

Zeichnungen:
Mehrere Zeichner des Paläontologischen Institutes der Universität Bonn

Photographie:
Mehrere Photographen des Paläontologischen Institutes der Universität Bonn.
Erwin Haupt,
Forschungsinstitut und Natur-Museum Senckenberg, D-6000 Frankfurt am Main

Lithographie:
Repro-Studio Volkmar Thier,
D-6050 Offenbach am Main

Satz:
Karin Schmidt,
Forschungsinstitut Senckenberg, D-6000 Frankfurt am Main

Druck:
Druckerei Kempkes, Offset- + Buchdruck GmbH,
D-3554 Gladenbach

ISSN Nr. 6341-4116
ISBN Nr. 3-924500-59-2

Inhalt

Vorwort des Herausgebers · 5

Vorwort des Autors · 7

Die Frühzeit der Erde · 9

    Die Zeit zwischen 4,6 und 2 Milliarden Jahren (Archaikum
und Unteres Proterozoikum) · · · · · · · · · · · · · · · · · · 9

    Die Zeit zwischen 2 und 0,7 Milliarden Jahren (Unteres und
Oberes Proterozoikum) · 9

    Die Zeit zwischen 0,7 und 0,4 Milliarden Jahren (Jüngstes
Proterozoikum und Altpaläozoikum) · · · · · · · · · · · · · · 11

    Stromatolithen und Sedimentstrukturen · · · · · · · · · · · · 13

Die Besiedelung des Landes · · · · · · · · · · · · · · · · · · · 14

    Frühe Versuche, das Land zu erobern · · · · · · · · · · · · · 17

    Der Generationswechsel · · · · · · · · · · · · · · · · · · · 18

Die Unterdevonflora des Rheinlandes · · · · · · · · · · · · · · · 20

    Algen aus dem Rheinischen Unterdevon · · · · · · · · · · · · · 24

    Taeniocraden des Rheinischen Unterdevons · · · · · · · · · · · 25

    Zosterophyllen des Rheinischen Unterdevons · · · · · · · · · · 30

    Höher entwickelte Zosterophyllen · · · · · · · · · · · · · · · 34

    Höchstentwickelte Zosterophyllen, älteste Bärlappe und
fragliche Schachtelhalme · · · · · · · · · · · · · · · · · · · 37

    Übergang zu den Altfarnen am Beispiel von *Psilophyton*
und *Tursuidea* · 39

Die Mitteldevonflora des Rheinlandes · · · · · · · · · · · · · · 43

Die Oberdevonflora der Bäreninsel · · · · · · · · · · · · · · · · 54

    Bärlapp- und Schachtelhalmgewächse · · · · · · · · · · · · · · 56

    Altfarne (Coenopteriden) der Bäreninsel · · · · · · · · · · · 60

    Progymnospermen der Bäreninsel · · · · · · · · · · · · · · · · 66

Summary and explanation of the text-figures. · · · · · · · · · · 70

Vorwort des Herausgebers

Im Silur haben die Pflanzen begonnen, das Land zu besiedeln, und im Devon treten erstmals reichhaltige Landfloren in der Erdgeschichte auf. Damit war ein entscheidender Schritt in der Evolution der Pflanzenwelt getan.
Die Rheinischen Devonfloren gelten als besonders reichhaltig und sind auf der ganzen Welt berühmt durch die ersten gründlichen Bearbeitungen der beiden deutschen Paläobotaniker RICHARD KRÄUSEL und HERMANN WEYLAND seit den zwanziger Jahren.
Die Ausstellung, für die dieser Führer geschrieben wurde, zeigt Aufsammlungen von Devonmaterial, das Prof. H.-J. SCHWEITZER, Bonn, in seiner langjährigen wissenschaftlichen Tätigkeit zusammengetragen hat. Es ist gleichzeitig die Grundlage für eine Reihe seiner Arbeiten über Devonfloren und wird erstmals in diesem Umfang der Öffentlichkeit vorgestellt.
Prof. SCHWEITZER hat mit seinen Untersuchungen die Pionierarbeiten seines Lehrers RICHARD KRÄUSEL fortgesetzt.
Daß diese Ausstellung gerade jetzt und im Senckenberg-Museum stattfindet, hat einen besonderen Grund. Im Jahre 1990 wäre RICHARD KRÄUSEL 100 Jahre alt geworden. Aus diesem Anlaß veranstaltet die Senckenbergische Naturforschende Gesellschaft als 3. Internationale Senckenberg-Konferenz vom 26. bis 31. Mai 1990 ein Kräusel-Gedächtniskolloquium zum Thema "Anatomical Investigations of Plant Fossils".
Ziel dieser Tagung ist nicht nur, die Erinnerung an diesen großen Senckenberger zu wahren, sondern mehr noch aufzuzeigen, wie die Anstöße, die RICHARD KRÄUSEL der Paläobotanischen Wissenschaft gegeben hat, noch heute nachwirken. Dabei kommt neben Komplexen über Tertiärfloren, Mesophytische Floren und Floren der Gondwanagebiete den Devonfloren eine herausragende Rolle zu.
Auch die Ausstellung soll deutlich machen, wie die Kenntnis über die Rheinischen Devonfloren seit den Arbeiten von KRÄUSEL und WEYLAND zugenommen hat und wie sie durch Arbeiten über oberdevonische Floren aus der Arktis ausgeweitet worden ist.
Die Tagung und die Ausstellung sind günstige Gelegenheiten, die Ergebnisse mit ausländischen Kollegen zu diskutieren.
Herr Kollege Prof. H.-J. SCHWEITZER hat den vorgelegten Führer verfaßt und die senckenbergischen technischen Mitarbeiter haben dafür gesorgt, daß er in der Kleinen Senckenberg-Reihe in bewährter Qualität erscheinen kann. Ich danke ihnen allen dafür im Namen der Senckenbergischen Naturforschenden Gesellschaft.

Prof. Dr. Willi Ziegler
Forschungsinstitut und Natur-Museum Senckenberg
Frankfurt am Main

Vorwort des Autors

In diesem Sommer jährt sich der 100. Geburtstag von RICHARD KRÄUSEL. Zu seinem Gedenken und in Würdigung seiner großen Verdienste um die Paläobotanik versammeln sich im Senckenberg-Museum Frankfurt am Main, seiner letzten Wirkungsstätte, Fachkollegen aus aller Welt.
RICHARD KRÄUSEL hat auf vielen Gebieten dieses Wissenschaftszweiges vorbildliche Arbeit geleistet. Aber im Mittelpunkt seiner Forschungen standen die Floren des Devons. Ich bin daher gerne dem Vorschlag seines Nachfolgers im Amt, Priv.-Doz. Dr. F. SCHAARSCHMIDT, gefolgt, unseren gemeinsamen Lehrer durch die Ausstellung von Teilen meiner Sammlung devonischer Pflanzen zu ehren.
Während der Vorbereitung ist das Thema der Ausstellung erweitert worden, um die stammesgeschichtliche Bedeutung der Devonpflanzen besonders hervorzuheben.
Hatten schon in vordevonischer Zeit vor mehr als 400 Millionen Jahren primitivere Pflanzen Versuche unternommen, den Schritt vom Wasser auf das Land zu vollziehen, so erfolgte die eigentliche Besiedelung doch erst während des 50 Millionen Jahre dauernden Devons. Wie sich aus einfach gebauten Nacktfarnen an seinem Beginn die hochentwickelten baumförmigen Bärlappe, Schachtelhalme und Farne an seinem Ende herausdifferenziert haben, soll anhand zahlreicher Beispiele demonstriert werden. Im Mittelpunkt stehen die Unter- und Mitteldevonfloren des Rheinlandes, zu deren Kenntnis RICHARD KRÄUSEL und sein Freund HERMANN WEYLAND aus Elberfeld so viele unvergängliche Beiträge geliefert haben. Ergänzt wird die Ausstellung durch oberdevonische Pflanzenreste der Bäreninsel. Darunter befinden sich auch manche bisher noch nicht beschriebene Arten.
So hoffe ich, dem Besucher ein lebendiges Bild dieser versteinerten Welt zu vermitteln und ihn etwas von der Faszination spüren zu lassen, die den Paläobotaniker beim Ausgraben so alter Fossilien, aber auch bei der Rekonstruktion des Lebensbildes der Pflanzen und ihrer Lebensräume erfaßt.
Der vorliegende Führer zur Ausstellung enthält etwas abgeänderte Auszüge aus meinem Buch "Pflanzen erobern das Land", das im Laufe des Jahres erscheinen wird. Dort wird auch ein ausführliches Literaturverzeichnis gegeben.
Es ist mir angenehme Pflicht, allen Mitarbeitern, die zum Gelingen der Ausstellung und zur Drucklegung dieses Führers beigetragen haben, meinen Dank auszusprechen.
Der Direktor des Senckenberg-Museums, Prof. Dr. W. ZIEGLER und der Ressortleiter für Ausstellungen, Dr. G. PLODOWSKI, haben die finanziellen und technischen Voraussetzungen geschaffen, Frau E. JUNQUEIRA die künstlerische Gestaltung übernommen, die Herren E. HAUPT, H. LANGENDORF und V. THIER sowie Frau S. GEBHARDT waren für die Photographien, den Siebdruck sowie die Lithoreproduktion zuständig und Frau K. SCHMIDT für die Schreibarbeiten. Den größten Dank schulde ich aber dem Leiter der paläobotanischen Sektion des Forschungsinstitutes Senckenberg, Priv.-Doz. Dr. F. SCHAARSCHMIDT, ohne dessen nimmermüden Einsatz Ausstellung und Führer nicht zustande gekommen wären.

Prof. Dr. Hans-Joachim Schweitzer
Institut für Paläontologie der
Rheinischen Friedrich-Wilhelms-Universität Bonn

Palynologie und Paläobotanik - was ist das?

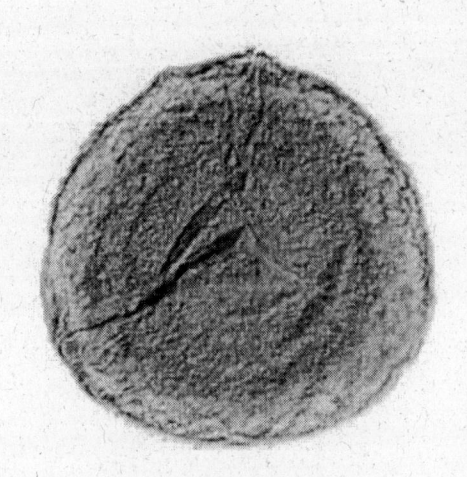

Palynologie ist ein Wissenschaftszweig, der sich dem Studium meist pflanzlicher und untergeordnet auch tierischer Strukturen, den Palynomorphen, widmet, die mikroskopisch klein sind (etwa 5 - 500 µm) und gegenüber den meisten Zersetzungsformen - außer der Oxidation - außerordentlich widerstandsfähig sind, weil sie aus Sporopollenin, Chitin oder ähnlichen Substanzen bestehen. Im engeren Sinne sind Palynomorphen mikroskopisch kleine pflanzliche Überreste (Mikrofloren), die gegenüber einer Aufbereitung mit starken Säuren und Laugen resistent sind. Dazu gehören vor allem Pollen, Sporen, Dinoflagellaten und einige weitere Algen. Tierische Mikrofossilien, die ebenfalls zu den Palynomorphen gezählt werden, sind etwa die Scolecodonten (chitinöse Kieferteile mariner Würmer), Chitinozoen (eine aus chitinösem Material bestehende Gruppe unklarer systematischer Zuordnung) oder chitinöse Innenauskleidungen von Foraminiferenschalen. Eine Sammelgruppe stellen die Acritarchen dar. Der Name bedeutet "von zweifelhaftem Ursprung". Zu den Acritarchen zählt man daher alle aus Sporopollenin bestehenden Palynomorphen, die man keiner bekannten Gruppe eindeutig zuordnen kann. Dazu gehören zum Beispiel Reste, die meist kleiner als 100 µm sind und die vermutlich von Algen gebildet wurden. Aber auch Eier verschiedener mariner Organismen, die eine widerstandsfähige Hülle aufweisen, befinden sich vermutlich unter den Acritarchen.

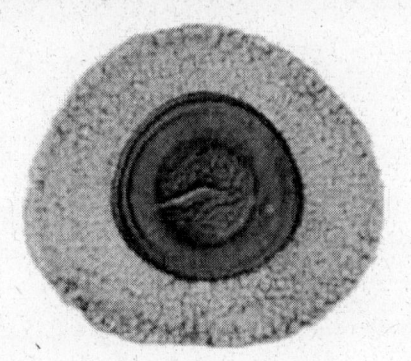

Spore aus dem Perm

monosaccater Pollen (mit einem Luftsack) aus dem Perm

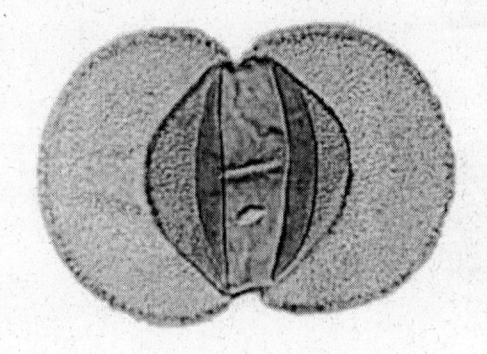

bisaccater Pollen (mit zwei Luftsäcken) aus dem Perm

Auch wenn man also bei einigen Palynomorphen nicht genau weiß, welche Organismen die Reste gebildet haben, sind sie dennoch für Altersdatierungen und für paläoökologische Aussagen außerordentlich gut geeignet. Mit Sporen können die Sedimente seit dem Obersilur, d.h. seit etwa 425 Mill. Jahren, hervorragend gegliedert werden. Dinoflagellaten gibt es seit der Obertrias (ca. 210 Mill. Jahre) und können für die stratigraphische Gliederung vor allem mariner Sedimente hervorragend genutzt werden. Acritarchen und Chitinozoen haben sich für Alterseinstufungen vor allem im frühen Paläozoikum (etwa im Zeitabschnitt zwischen 400 und 500 Mill. Jahren) bewährt.

Da die Palynomorphen sehr klein sind, kommen sie massenhaft in den Sedimentgesteinen vor. Außerdem bestehen sie, wie bereits erwähnt, aus einem außerordentlich widerstandsfähigem Material. Diagenetische Veränderungen, hohen Druck und hohe Temperatur überstehen sie meist unbeschadet. Ein besonderer Vorteil der Pollen und Sporen bei der Altersdatierung ist ihr Vorkommen in Sedimenten fast aller Ablagerungsräume. Mit Pollen und Sporen können daher Sedimente aus dem marinen wie dem terrestrischen Bereich datiert werden, während das Vorkommen aller anderen Fossilgruppen in der Regel auf einen

Scolecodont aus dem Oberdevon

dieser Ablagerungsräume beschränkt ist.

Neben ihrem großen Nutzen für Altersdatierungen können Palynomorphen aber auch für paläoökologische Fragestellungen herangezogen werden. Vor allem einige Algengruppen sind sehr charakteristisch für bestimmte Ablagerungsräume. Dinoflagellaten kommen etwa nur in Sedimenten vor, die im marinen Milieu abgelagert wurden, andere Algen sind ganz typisch für Seesedimente. Erfasst man die in den Proben vorkommenden Palynomorphen quantitativ, so lassen sich verschiedene Ablagerungsräume etwa innerhalb eines Sees, eines Deltas oder eines Meeresbeckens sehr genau differenzieren.

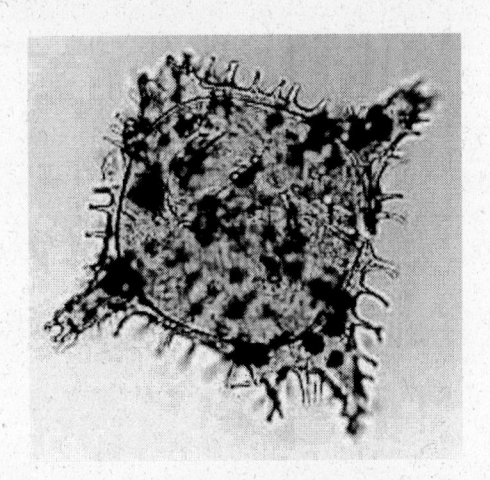

Dinoflagellat 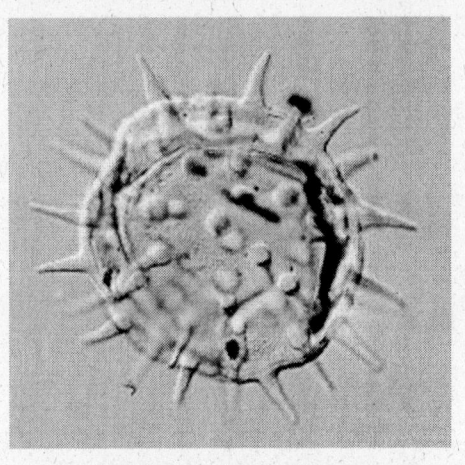 | Acritarch aus dem Oberdevon

Eine weitere sehr interessante Anwendung ist die Bestimmung des Inkohlungsgrades mit Hilfe der Farbe der Pollen, Sporen, Dinoflagellaten oder Acritarchen. Die Farbe der Wände dieser Organismen verändert sich nämlich mit steigender Inkohlung von hellgelb durchscheinend über orange, braun bis schwarz. Diese Farbwechsel geschehen in einem Inkohlungsbereich, der etwa dem Braun- und Steinkohlestadium entspricht. Mit Hilfe einiger Palynomorphen-Gruppen kann also mit geringstem Aufwand die Inkohlung recht genau abgeschätzt werden.

Die Palynologie ist ein noch recht junger Wissenschaftszweig, der sich etwa seit dem Ende des 2. Weltkrieges stürmisch entwickelt. Vor allem der Einsatz der Palynologie bei Altersdatierungen geht wesentlich auf das Interesse der Erdölindustrie und des Bergbaus zurück, mit möglichst geringem Aufwand sichere stratigraphische Einstufungen zu erhalten. Viele Palynologen, die grundlegende palynostratigraphische Publikationen verfassten, arbeiteten daher in der Lagerstättenindustrie. Daran hat sich bis heute wenig geändert. Auch das Abschätzen der Inkohlung mit Hilfe einiger Palynomorphen ist gerade für die Kohlenwasserstoffexploration ein sehr wichtiges Hilfsmittel.

Wichtige Grundlagen wurden neben der Industrie auch von den Geologischen Landesämtern und den Universitäten gelegt. Einer der Begründer der modernen Palynologie, Robert Potonié (1889 - 1974), arbeitete bis zu seiner Pensionierung im Jahr 1954 im Geologischen Landesamt Nordrhein-Westfalen und wurde einer der bedeutendsten Spezialisten für Karbon- und Tertiärpalynologie. Er gehörte auch zu den ersten Palynologen, die stratigraphische Probleme in den Kohlelagerstätten mit Hilfe der Palynologie lösten. Sein umfangreiches wissenschaftliches Werk hat heute noch erhebliche praktische Bedeutung. Für seine Verdienste auf dem Gebiet der Palynologie erhielt er zahlreiche nationale und internationale Ehrungen.

Während sich also die Palynologie unter anderem mit den Pollen und Sporen der Pflanzen beschäftigt, hat die

Paläobotanik zum Ziel, die fossilen Pflanzen zu untersuchen. Pflanzen können etwa als Abdrücke überliefert werden. Ist das umgebende Gestein sehr feinkörnig, bleiben selbst feinste Details erhalten. Die Pflanzensubstanz, zum Beispiel das Holz der Stämme, kann aber auch vollständig durch Mineralien ersetzt werden. Häufig ist die Erhaltung in Kieselsäure. Diese sogenannten Kieselhölzer sind, wenn sie angeschliffen und poliert werden, ästhetisch ansprechend und werden daher auch häufig zum Kauf angeboten. Eine andere Erhaltungsart ist die Holzkohle. Wenn Pflanzensubstanz etwa während eines Waldbrandes verkohlt, bildet sich Holzkohle, die noch außerordentliche Feinheiten der ursprünglichen Struktur aufweist. Davon kann man sich leicht selbst überzeugen, wenn man handelsübliche Grillkohle unter der Lupe oder dem Binokular betrachtet.

Robert Potonié, einer der Begründer der modernen Palynologie

Stammabdruck eines Schachtelhalmgewächses aus dem Ruhrkarbon

Beblätterung eines Schachtelhalmgewächses aus dem Ruhrkarbon

Ähnlich wie die Palynologie wird die Paläobotanik für die Altersbestimmung von Gesteinen eingesetzt. Aber auch ökologische Aussagen sind mit den überlieferten Pflanzenresten möglich. Große wirtschaftliche Bedeutung hatte die Paläobotanik etwa bei der Altersdatierung der zahlreichen Steinkohlebohrungen im Oberkarbon des Ruhrgebietes oder bei der Altersdatierung von Erdöl- und Erdgasbohrungen in Nordwestdeutschland.

Literatur:
TRAVERSE, A. (1988): Paleopalynology.- XXIV + 600 S., zahlr. Abb., Tab.; Boston (Unwin Hyman).
JANSONIUS, J.; MCGREGOR, D. C. (1996): Palynology: principles and applications.- 1 Principles: 1 - 462, zahlr. Abb., Tab., Taf.; 2 Applications: 463 - 910, zahlr. Abb., Tab., Taf.; 3 New directions, other applications and floral history: 911 - 1330, zahlr. Abb., Tab., Taf.; Dallas/Tex.

Das Proterophytikum (etwa 2 Ga - 430 Ma): Die Dominanz der Algen mit Zellkern

Als Proterophytikum bezeichnen wir die Phase, in der zusätzlich zu den Cyanobakterien höher entwickelte Algen mit Zellkern hinzukommen. Dies dürfte vor ca. 2 Ga der Fall gewesen sein und einen besonderen Schub in der Sauerstoffanreicherung der Atmosphäre ausgelöst haben.

Gefäßpflanzen gab es im Proterophytikum noch nicht, stattdessen dominierten immer höher entwickelte Algen (bis hin zu Makroalgen mit Zelldifferenzierung) die Meere. Noch im jüngeren Proterozoikum entwickelten sich die verschiedensten Gruppen, darunter auch Grünalgen. Besonders im Kambrium und Ordovizium waren die Böden der flachen Meere von diesen Formen bedeckt, während die Kontinente (bis auf winzige Algen, Moose und Flechten) noch reltiv kahl waren.

Eine vor allem im Proterozoikum wichtige Algengruppe waren die Acritarchen. Hierunter werden äußerst vielgestaltige, organischwandige (Sporopollenin), einzellige Algen unsicherer genauerer systematischer Zugehörigkeit zusammengefaßt. Acritarchen sind nicht selten wichtige Leitfossilien, z.B. im Bereich der Proterozoikum/Kambrium-Grenze. Nach einer langen Zeit ständig steigender Diversität fast durch das gesamte Proterozoikum hindurch erlitten sie im Verlaufe der Eiszeiten im Neoproterozoikum ("Schneeball Erde") einen immensen Diversitätseinbruch (das erste Massenaussterben der Erdgeschichte), von dem sie sich nie wieder richtig erholten.

Das Proterophytikum endete mit der Entwicklung der Gefäßpflanzen (Stammbaum der Gefäßpflanzen) und der Eroberung des Landes durch diese (Paläophytikum). Der Zeitpunkt ist noch umstritten und liegt entweder im Oberordovizium (nach mancher Ansicht sogar schon im Kambrium), spätestens jedoch im Silur (430-435 Ma). Im Oberordovizium der Sahara fanden sich erste Reste möglicher Landpflanzen, allerdings ausschließlich Sporentetraden und Cuticulen unsicherer systematischer Zugehörigkeit. Von den meisten Paläobotanikern werden sie nicht als gesicherte Reste von Gefäßpflanzen anerkannt, sondern z.B. zu den Lebermoosen gestellt.

Das Proterozoikum (2,5 Ga - 540 Ma)

Mit dem Einsetzen plattentektonischer Prozesse und Dimensionen, die den heute ablaufenden Vorgängen in etwa ähnlich sind, vollzog sich vor etwa 2,5 Ga (Milliarden Jahren) der Übergang vom Archaikum in das Proterozoikum. Wie schon der Name angibt, gab es in dieser Zeit (diesem "Äon") noch kaum Tiere, zumindest dachte man das früher, als der Name geprägt wurde (siehe jedoch unten). Die Pflanzen hingegen entwickelten sich in dieser Zeit bereits zu höher entwickelten Formen mit Zellkern, Vielzelligkeit und makroskopischen Größen.

Ära	System	Alter
Neoproterozoikum	Neoproterozoikum III	540 Ma
Neoproterozoikum	Cyrogenium	
Neoproterozoikum	Tonium	1,0 Ga
Mesoproterozoikum	Stenium	
Mesoproterozoikum	Ektasium	
Mesoproterozoikum	Calymmium	1,6 Ga
Paläoproterozoikum	Statherium	
Paläoproterozoikum	Orosirium	
Paläoproterozoikum	Rhyakium	
Paläoproterozoikum	Siderium	2,5 Ga

Einteilung des Proterozoikums in die drei Ären Paläo-, Meso- und Neoproterozoikum und die diese wiederum untergliedernden Systeme Siderium bis Neoproterozoikum III (nach International Stratigraphic Chart der IUGS, 2000)

Die weitere zeitliche Untergliederung des Proterozoikums in drei Ären und diese weiter untergliedernde Systeme, wie in obiger Tabelle dargestellt, beruht wie im Archaikum noch nicht auf der relativen Datierung durch Leitfossilien (Biostratigraphie), sondern vielmehr auf absoluten Altersdatierungen. Diese nur durch numerische Alter begrenzten Zeiteinheiten wurden aber im Gegensatz zum Archaikum nicht willkürlich gewählt, sondern repräsentieren vielmehr prinzipielle Zyklen von Sedimentation, Orogenesen und Magmatismus (International Stratigraphic Chart der IUGS, 2000). Nach Regionen, in denen die Folgen dieser geologischen Vorgänge besonders gut erschlossen sind, wurden auch die Namen für die System (siehe Abbildung) gewählt.

Leitfossilien und somit eine echte Biostratigraphie gibt es für das Proterozoikum kaum. Nur wenige Autoren versuchen biostratigraphische Gliederung mariner Ablagerungen mit Hilfe von Stromatolithen, Cyanobakterienfäden und Acritarchen.

Plattentektonische Entwicklung:

Im Neoproterozoikum lief der Rodinia(auch Vendium)-Superkontinentzyklus ab. Mit dem beginnenden Zerfall von Rodinia in zahlreiche Einzelkontinente ergaben sich - nach einer Theorie - erhebliche klimatische Konsequenzen (neoproterozoische Vereisung, Schneeball Erde).
Die plattentektonischen Vorängen beruhten auf Prinzipien und Krustendicken, die den

heutigen Verhältnissen schon sehr ähnlich waren (siehe Plattentektonik im Vergleich).
Mit Beginn des Proterozoikums dürften 50-70 % der heutigen kontinentalen Kruste existiert haben. Generell nahmen die Krustendicken bis zum Neoproterozoikum zu. Über einen Großteil des Proterozoikums dauerte noch ein weiteres Wachstum der großen Kontinentschilde durch seitliches Angliedern von orogenen Gürteln (z.B. Baltischer Schild) oder Verschmelzen älterer Kerne (z.B. Nordamerika) an.
Vor ca. 1 Ga etablierte sich ein großer Superkontinent (Rodinia), der im Neoproterozoikum dann schon wieder auseinanderfiel. Die Lage dieses Kontinentes, entweder bevorzugt in niederen oder in hohen südlichen Breiten, ist umstritten und einer der Kernpunkte der Diskussionen um die "Schneeball Erde"-Theorie.

Der Höhepunkt der Bildung von Bändereisenerzen lag im frühen Paläoproterozoikum (ca. 2,5-2,0 Ga).
Der Sauerstoffgehalt der Atmosphäre stieg vor ca. 2,2-2,3 Ga rapide an ("Great Oxidation Event"). Auf den Kontinenten fanden sich erste Rotsedimente, das Fe^{2+} wurde also bereits hier zu Fe^{3+} aufoxidiert. Dadurch gelangte viel weniger Eisen in die Küstenmeere, die Bildung von Bändereisenerzen nahm stark ab (nur noch gering ab 1,8 Ga).
Der Sauerstoffgehalt erreichte bald darauf eine weitere steady-state-Phase, die bis kurz vor dem Ende des Proterozoikums dauerte. Der Gehalt lag hier noch deutlich unter dem heutigen. Nach neuerlichem Anstieg wurde im Kambrium in etwa seine heutige Größe erreicht. Der CO_2-Gehalt lag aber noch deutlich darüber.
Auffällig sind erste ausgedehnte Vereisungen im ältesten Proterozoikum, offenbar im Zusammenhang mit einer rapiden Abnahme des CO_2-Gehaltes der Atmosphäre (Huron-Vereisung).
Eine sehr ausgeprägte Icehouse-Ära mit mehreren Vereisungen herrschte am Ende des Proterozoikums. Darunter die vermutlich stärkste Eiszeit der Erdgeschichte ("Schneeball Erde") vor ca. 600 Ma. Indizien hierfür sind Tillite (Moränenablagerungen) und Gletscherschrammen, Dropstones, Bändereisenerze im Meer (kein Sauerstoff unter der Eisdecke des Meeres) und die Tatsache, dass Kohlenstoffisotope in Karbonaten direkt über Tilliten extrem C12-reich sind (kaum Bioproduktion). Während der Hauptvereisungen soll ein 1 km dicker Eisschild die Ozeane bedeckt und -50 Grad Celsius geherrscht haben. Eis und Kältewüsten fanden sich auf den Kontinenten, Leben nur noch in Eiseen oder submarin an heißen Quellen. Während der Warmphasen (Auftauen nach vulkanischer CO_2-Anreicherung) sollen wiederum über 50 Grad Celsius auf den Kontinenten geherrscht haben.
Zu den Gründen für diese extreme Vereisung siehe unter "Schneeball Erde".
Die chemische Zusammensetzung der Meere änderte sich im Verlaufe des Proterozoikums vom Soda- zum Halit-Ozean, verbunden mit einer ab 2 Ga schnellen Abnahme des ph-Wertes.

Europa und Nordamerika:

Der Baltische Schild wuchs im Verlaufe des Proterozoikums durch mehrere Orogenesen mit Altern von durchschnittlich 2 Ga, 1,8 Ga und 1 Ga nach Süden hin immer stärker an. Bekannteste Gesteine aus dieser Zeit sind die Rapakivi-Granite als postorogene Intrusionen der Svekokareliden (1,5-1,7 Ga). In den Sedimenten der neoproterozoischen

Svekonorwegiden sind Vereisungsspuren ("Schneeball Erde") weit verbreitet.
Auch Nordamerika wuchs durch proterozoische Orogenesen zu der Größe, in der es ab dem Kambrium als Kontinent Laurentia plattentektonisch aktiv vor.
Auch in den Meeresbereichen außerhalb der präkambrischen Schilde sind, im Vergleich zum Archaikum, zunehmend Sedimente dokumentiert, die erst in z.T. wesentlich spätere Orogenesen mit einbezogen wurden. In Deutschland befinden sich die mächtigsten aufgeschlossenen präkambrischen Schichtfolgen im Thüringischen Schiefergebirge.

Die Pflanzenwelt:

Im Proterozoikum fand der Übergang von der phytischen Ära des Archäophytikums (mit dominierenden Cyanobakterien) in das Proterophytikum (mit dominierenden eucaryoten Algen, also solchen mit Zellkern) vermutlich vor ca. 2 Ga. Die Entstehung der Eucaryota geschah wohl durch Vereinigungung verschiedener prokaryontischer Zellen (Endosymbionten-Theorie).
Bei diesem Zeitpunkt (2 Ga) ist ein Zusammenhang zwischen der starken Zunahme der Sauerstoffproduktion (Great Oxidation event) und der Entstehung der Eucaryota, welche eine vielfach höhere Energieausbeute als Procaryota haben, offensichtlich. Erste - als solche noch fragliche - Einzeller mit Zellkern (Eucaryota) sind bereits aus dem 2,2 Ga alten Gunflint Chert (Australien) beschrieben worden.
Wichtigste Gruppe waren die Acritarchen (erste Nachweise ab 1,9 Ga) mit im Neoproterozoikum stark zunehmender Diversität und einschneidendem Aussterbeereignis kurz vor Beginn des Kambrium. Sichere Grünalgen (Prasinophyceen) sind seit 1,7 Ga bekannt. Im Neoproterozoikum fand auch schon eine rapide Entwicklung von tangähnlichen Makroalgen in den Flachmeeren statt, berühmte Funde kommen v.a. aus China.

Die Tierwelt:

Die Entwicklung erster (noch hartteilloser) vielzelliger Tiere ist durch Spurenfossilien bei etwa 1 Ga nachgewiesen. Dies dürften wurmartige Tiere gewesen sein. Seitdem dokumentiert eine ständige Diversifizierung der Spurenfauna eine allmähliche Entwicklung der Metazoen (vielzellige Tiere).
Etwa vor 650-600 Ma waren erste Makrofaunen mit erhaltenen Körpermerkmalen (nicht nur Spuren) weltweit verbreitet: Die Ediacara-Fauna, ausschließlich mit Abdrücken der Weichteile und noch ohne Hartteile. Ihre systematische Zugehörigkeit ist umstritten, einige Formen mögen zu den Coelenteraten, Anneliden oder Arthropoden gehört haben.

Im allerjüngsten Proterozoikum gelangen jüngst auch schon Erstnachweise einiger heute noch existierender Tierstämme, besonders noch hartteiloser Anneliden, auch von Schwämme. Hinzu kommen wenige sehr kleine hartschalige Fossilien von röhrenförmiger Ausbildung, allerdings ebenfalls unsicherer systematischer Stellung.
Bei vielen Gruppen fand im Zuge der neoproterozoischen Vereisungen ("Schneeball Erde") ein Massenaussterben statt. Nach einigen Autoren war die hiermit verbundene Klimainstabilität einer der Gründe für die darauf folgende "Kambrische Explosion" der Tierwelt.

Die Frühzeit der Erde

Die Zeit zwischen 4,6 und 2 Milliarden Jahren

(Archaikum und Unteres Proterozoikum

Vor etwa 4,6 Milliarden Jahren ballte sich die Erde aus festen Bestandteilen des Sonnennebels zusammen. Zunächst war sie von keiner nennenswerten Atmosphäre umgeben. Diese entstand erst später durch Ausgasung des oberen Erdmantels und bestand hauptsächlich aus Wasserdampf, Kohlendioxid und Stickstoff. Elementarer Sauerstoff war nicht vorhanden. In diesem Milieu war die Bildung von Aminosäuren, den Bausteinen der Eiweiße, möglich. Ihre Entstehung wäre durch die Oxidation mit Sauerstoff verhindert worden, und die Entstehung von Leben wäre nicht möglich gewesen.

Die Erde befand sich von Anfang an in so großem Abstand von der Sonne, daß sich ihre Oberfläche bereits abgekühlt hatte, als dem Gesteinsmantel Wasserdampf entwich. Dieser konnte sich zu flüssigem Wasser kondensieren, das das Kohlendioxid aus der Uratmosphäre auswusch. Das Kohlendioxid bildete durch Reaktion mit dem Wasser Karbonationen. Diese verbanden sich mit Metall-, vor allem Calciumionen, die durch Lösung aus den Gesteinen des Festlandes ins Meer gelangt waren. Dadurch wurde Calciumkarbonat ausgefällt, und es entstanden die ersten Sedimentgesteine. Die ältesten bekannten wurden in Südwest-Grönland gefunden und sind 3,8 Milliarden Jahre alt.

Die Anfänge des Lebens auf der Erde liegen noch weitgehend im Dunkeln. Aber bereits aus 3,5 Milliarden Jahre alten Schichten West-Australiens sind Stromatolithen bekannt, die als Ausfällungsprodukte übereinander gewachsener fossiler Algenrasen gedeutet werden. Die in Vitrine 1 ausgestellten Stromatolithen aus Afrika und Australien sind den heute noch im Flachwasser von Blaualgen (Cyanobakterien) gebildeten Stromatolithen sehr ähnlich.

Wie alle Bakterien sind auch die Blaualgen Einzeller ohne Zellkern. Sie werden daher als Prokaryonten bezeichnet.

In den 2,8 Milliarden Jahre alten Fortescue-Schichten West-Australiens hat man nicht nur Stromatolithen, sondern in ihrer Nähe auch fädige Ketten aneinander gereihter zellähnlicher Gebilde entdeckt, die als echte Cyanobakterien gedeutet werden. Man nimmt an, daß sie Chlorophyll a besaßen und somit zur Photosynthese fähig waren. Der dabei produzierte freie Sauerstoff wurde sofort wieder von den in den Meeren reichlich vorhandenen Eisen-2-Verbindungen eingefangen und als Eisen-3-Oxid (Haematit) ausgefällt. Dieses sank als Schlamm zu Boden und bildete nach Verfestigung die reichsten Eisenerzlagerstätten der Erde (gebänderte Eisenerze). Auf diese Weise konnte der freie Sauerstoff nicht in die Atmosphäre gelangen.

Erst vor 2 Milliarden Jahren waren die als Sauerstoffsenken fungierenden Eisen-2-Verbindungen im Meere so weit aufgebraucht, daß freier Sauerstoff in der Atmosphäre auftrat. Unter diesen veränderten Bedingungen konnten erstmals Rotsedimente auf den Festländern entstehen, deren Farbe ebenfalls auf Eisen-3-Oxid zurückgeht. Diese Anfärbungen können auch bei geringen Eisenoxidmengen sehr intensiv sein.

Obwohl der freie Sauerstoff damals nur in sehr geringer Menge vorhanden war - man schätzt den Gehalt in der Atmosphäre auf 1/100 der heutigen Konzentration - so bedeutete das für die Pflanzen eine beträchtliche Umstellung; denn Sauerstoff ist ein starkes Zellgift, und die Pflanzen waren gezwungen, sich vor dem von ihnen bei der Photosynthese selbst erzeugten Sauerstoff zu schützen. Dazu entwickelten sie besondere Zellen, die Heterozysten. Das sind vergrößerte, dickwandige Zellen, in denen die Stickstoff fixierenden, leicht oxidierbaren Enzyme deponiert werden. Sie sind in ganz normale Zellreihen eingeschaltet.

Cyanobakterien mit Heterozysten traten zum ersten Mal in der 2 Milliarden Jahre alten Gunflint-Bändereisenformation am Nordufer des Oberen Sees in Kanada auf. Sie stellen also einen biologischen Beweis für eine sauerstoffhaltige Atmosphäre dar.

Die Zeit zwischen 2 und 0,7 Milliarden Jahren

(Unteres und Oberes Proterozoikum)

Während dieser Zeit nahm der Sauerstoffgehalt der Atmosphäre ständig zu. Dadurch wurde ein immer wirksamerer Ozonschirm aufgebaut, der die Strahlung der Sonne zunehmend filterte. Durch die Abnahme der lebensfeindlichen kurzwelligen Strahlung bildeten sich die Voraussetzungen, die es den Lebewesen ermöglichten, das Wasser zu verlassen und auf das Festland vorzustoßen. Die Cyanobakterien drangen in den Gezeitenbereich ein, und Eisenbakterien entwickelten zusammen mit anderen Mikroorganismen eine Bodenflora auf dem

Milliarden Jahre				Ereignis	Sauerstoffgehalt gegenüber heute
0,42				Erste Gefäßpflanzen, Beginn der Landbesiedelung durch Tiere und Pflanzen.	~ 95
0,59				Vielzeller mit Außenskelett, erste Kalkalgen. Jüngere Ediacara-Faunen.	~ 10
0,67	oberes	Proterozoikum		Erste Vielzeller, Ediacara-Fauna. Weltweite Vereisung, Rückgang in der Vielzahl der Acritarchen. Erste bedeutende Radiation planktonischer Organismen (Acritarchen).	~ 7
1,4				Erste Zellen mit Zellkernen, Mitose, Meiose. Zunahme der Rotsedimente.	> 1
2	unteres			Vergrößerte Zellen (Heterozysten) in fädigen Ketten von Blaualgen, diese daher sauerstofftolerant, Atmungsstoffwechsel. Älteste Rotsedimente.	~ 1
2,5					
2,8		Archaikum		Stromatolithen, fädige Blaualgen, Chlorophyll a, wahrscheinlich sauerstofferzeugende Photosynthese. Bildung gebänderter Eisenerze.	< 1
3,5				Älteste Stromatolithen. Energiequelle: Methansynthese? Schwefeloxidation?	sauerstofflos
3,8				Älteste Sedimentgesteine.	
4,6				Entstehung der Erde	sauerstofflos

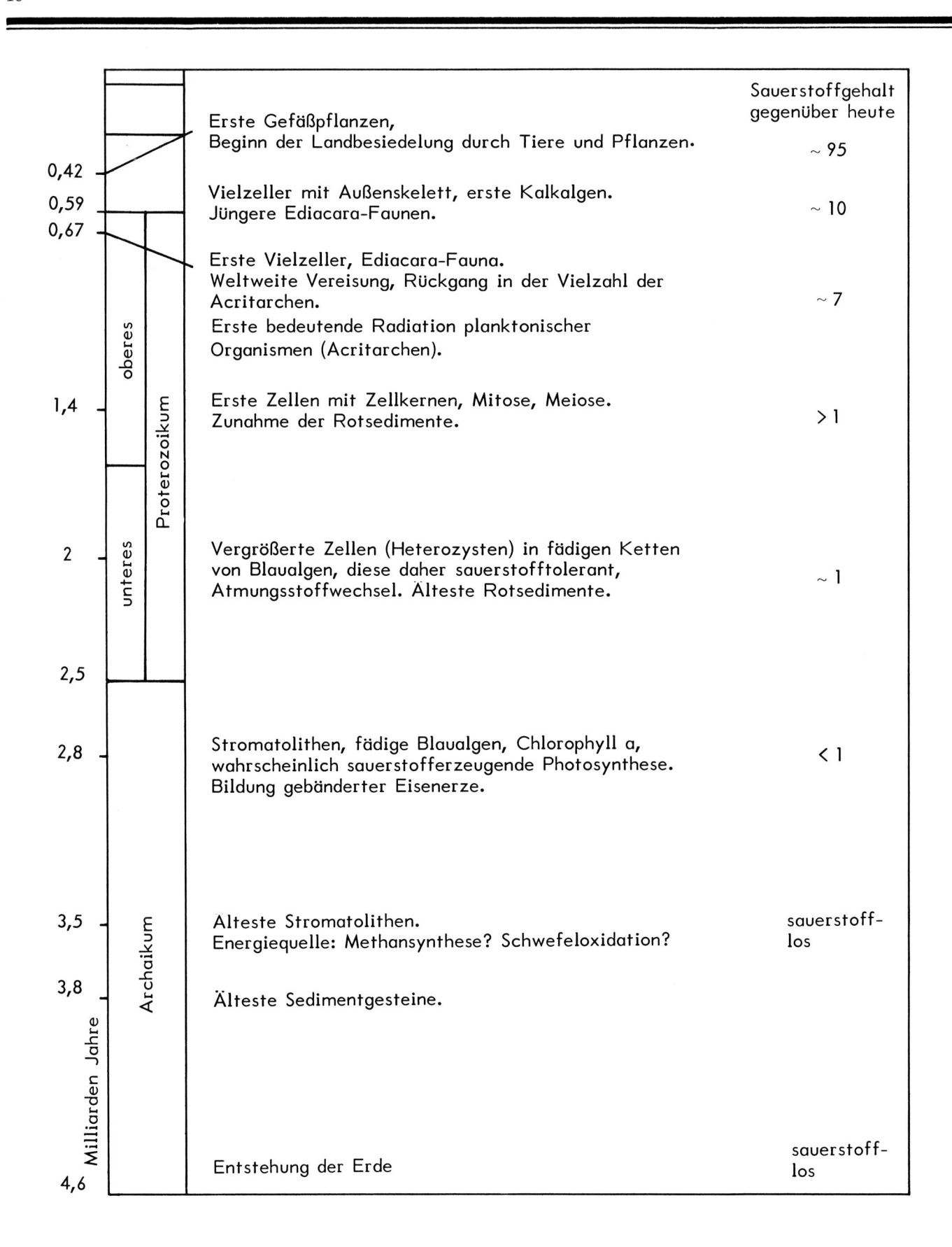

Tab. 1. Die wichtigsten Schritte der Entstehung und Entwicklung des Lebens in der frühen Biosphäre.

Lande. Das wichtigste Ereignis war jedoch die Entstehung der Eukaryonten, Einzeller mit echtem Zellkern.

Vermutlich ist der erste Schritt zur Bildung der Eukaryonten durch Endosymbiose erfolgt. Darunter versteht man einen Vorgang, bei dem sich eine Zelle eine andere einverleibt und diese dadurch zu einer Zellorganelle wird. Auf diese Weise sind wahrscheinlich Chloroplasten als Chlorophyllträger und Mitochondrien als Enzymträger des Energiestoffwechsels entstanden. Welche Prozesse aber zur Bildung des Zellkerns sowie zur Kernteilung (Mitose) und Reifeteilung (Meiose) führten, entzieht sich unserer Kenntnis.

Es ist sehr schwierig, bei der kümmerlichen Erhaltung so alter Mikrofossilien zwischen Pro- und Eukaryonten zu unterscheiden. Jedoch ist die eukaryontische Zelle im allgemeinen größer als die prokaryontische. Da vor 1,4 Milliarden Jahren die Zellen beträchtlich an Größe zunahmen, nimmt man an, daß seit dieser Zeit die Eukaryonten wesentlich an den Mikrofloren beteiligt waren.

Der Lebensraum der Eukaryonten war abweichend von dem der Prokaryonten von Anfang an der landnahe und deshalb besonders nährstoffreiche Flachwasserbereich.

Die Zeit zwischen 0,7 und 0,4 Milliarden Jahren

(Jüngstes Proterozoikum und Altpaläozoikum)

Mit dem jüngsten Proterozoikum (Vendium) beginnt in der Überlieferung der Lebewelt eine neue Ära. War der Paläontologe bei der Beurteilung von Leben und Lebensvorgängen bis dahin nur auf Mikrofossilien und Gesteinsbildungen angewiesen, so sind aus dieser Zeit erstmals vielzellige Makrofossilien, vorwiegend Tiere, überliefert. Am bekanntesten ist die Ediacara-Fauna aus Südaustralien. Sie besteht ausschließlich aus weichhäutigen wirbellosen Meerestieren, die den Sauerstoff aus dem umgebenden Wasser über ihre Körperoberfläche aufnahmen. Es war daher für sie vorteilhaft, bei möglichst geringer Dicke eine beträchtliche Größe zu erreichen. Am häufigsten sind Quallen mit einem Durchmesser bis zu einem Meter. Die gleiche Größe erreichten seßhafte, auf dem Meeresboden in Kolonien lebende Tiere, die wie Seefedern aussahen. Selbst der nur knapp 3 mm dicke Wurm *Dickinsonia* wurde bis zu 1 m lang.

Aus der Zusammensetzung der Ediacara-Fauna können Rückschlüsse auf den Sauerstoffgehalt des Lebensraumes gezogen werden. Vergleichbare rezente Hohltiere vermögen noch über ihre Körperoberfläche Sauerstoff aus dem umgebenden Wasser zu resorbieren, wenn die Sauerstoffkonzentration in der Atmosphäre nur 7% des heutigen Sauerstoffgehaltes entspricht. Deshalb wird angenommen, daß die kumulative Anreicherung des Sauerstoffs in Hydro- und Atmosphäre auf etwa 7% des heutigen Wertes der auslösende Faktor für die Evolution der Vielzeller gewesen ist.

Die zunehmende photosynthetische Leistung der Pflanzen ließ den Sauerstoffgehalt in der Folgezeit noch schneller ansteigen. Als erste sichtbare Folge umgaben sich die Tiere mit soliden Körperhüllen aus anorganischem und organischem Material. Diese Panzerung verhinderte eine Sauerstoffaufnahme über die Oberfläche. Daher mußten besser funktionierende Atmungs- und Kreislaufsysteme entwickelt werden. Die Atmung erfolgte in den meisten Fällen über Kiemen, was wiederum einen Sauerstoffgehalt von etwa 10% des heutigen Wertes voraussetzen würde.

Bereits im Mittleren Kambrium vor 0,55 Milliarden Jahren war eine formenreiche Hartteil-Fauna mit einer großen Zahl von Arten und Individuen vorhanden. Manche dieser Tiergruppen starben später wieder aus, andere - wie Muscheln, Brachiopoden, Nautiliden und Seelilien - leben heute noch!

Dieses reiche Tierleben läßt auf ein mindestens ebenso reiches Pflanzenleben schließen, da die Pflanzen auch schon damals die Hauptnahrungsquelle für die Tiere darstellten. Daß es hauptsächlich Algen waren, die als Futter dienten, steht außer Frage. Diese haben jedoch so geringe Chancen, fossil zu werden, daß sie nur ausnahmsweise überliefert sind.

Aus dem höchsten Proterozoikum und dem Kambrium sind kleine, unverzweigte, grasartige Algen unbekannter systematischer Zugehörigkeit überliefert, die kohlige Überzüge auf Schichtflächen bilden. Daß die Algen schon einen ziemlich hohen Entwicklungsstand erreicht hatten, beweist das Vorkommen echter Kalkalgen aus der Grünalgenfamilie der Dasycladaceen seit dem Kambrium. Heute ist diese Familie arm an Arten. In der Erdgeschichte dagegen hat sie zeitweise eine bedeutende Rolle gespielt. So haben die Dasycladaceen in der Triaszeit, vor 220 Millionen Jahren, gemeinsam mit Korallen, Schwämmen und Stachelhäutern ganze Gebirgsmassive wie beispielsweise die Dolomiten aufgebaut. Obwohl der Sauerstoffgehalt der Atmosphäre im Kambrium mindestens 10% des heutigen Wertes betragen haben muß, stammen alle bisher aus dieser Epoche vorliegenden Reste vielzelliger Pflanzen ausschließlich von untergetaucht leben-

Ma	Ära	System	Serie	Beschreibung
350	Paläozoikum	Karbon		Rapide Weiterentwicklung der Floren, besonders der baumförmigen Arten. Bärlappe: Schuppen- und Siegelbäume, Schachtelhalme: Archaeo- und Eucalamiten, Farne: Baumfarne, Nacktsamer: Pteridospermen (Farnsamer), Nadelhölzer (Cordaiten).
		Devon	Ober-	Reiche, hochentwickelte Floren mit Bärlapp-, Schachtelhalm- und Farngewächsen, darunter viele baumförmige Arten von >15 m Höhe. Am Ende des Oberdevons Bildung bauwürdiger Kohlenflöze (Bäreninsel) und Auftreten erster Nacktsamer.
			Mittel-	Starke Abnahme der Psilophyten, starke Zunahme von Bärlappen und Farnen, darunter auch baumförmige Arten, die am Ende des Mitteldevons eine beträchtliche Höhe (über 10 m) erreichen. Auftreten von Vorläufern nacktsamiger Pflanzen (Progymnospermen). Schachtelhalme nicht sicher nachgewiesen.
400			Unter-	Reiche Psilophyten-Floren in allen Teilen der Welt. Erstes Erscheinen von Bärlappgewächsen und Altfarnen. Kutinisierte Epidermen ohne und mit Spaltöffnungen, reiche Sporenfloren.
		Silur	Pridoli	Weitere Vorkommen von Cooksonien, besonders in Böhmen und Australien. An der Wende Silur/Devon Erscheinen der an die Bärlappe erinnernden Gattung *Baragwanathia* in Australien.
			Ludlow	Erstes Erscheinen der zu den höheren Pflanzen (Psilophyten) gehörenden Gattung *Cooksonia* in Wales. Vermehrtes Auftreten von Kutikeln (noch immer ohne Spaltöffnungen) sowie skulptierter Sporen.
			Wenlock	Größere Einzelsporen, erstes Auftreten von röhrenförmigen Leitelementen; diese zwar Holzfasern höherer Pflanzen ähnlich, aber wohl von hochentwickelten Algen aus der Verwandtschaft von Prototaxiten stammend.
440			Llandovery	Neben Sporentetraden erstmals Einzelsporen mit deutlicher Tetradenmarke; systematische Zugehörigkeit unbekannt (Nematophyten?, Moose?).
		Ordovicium	Ober-	Erstes Auftreten von kutinisierten Epidermen ohne Spaltöffnungen sowie Sporen; diese stets in Tetraden. Beginn der Landbesiedelung durch niedere Pflanzen (Nematophyten).
			Mittel-	
505			Unter-	
		Kambrium	Ober-	Sehr reiche Hartteilfaunen (Trilobiten, Graptolithen, Muscheln, Brachiopoden, Nautiliden, Seelilien). Beträchtliche Zunahme von Stromatolithen, zweite Radiation von Acritarchen.
			Mittel-	
			Unter	Zunahme der Hartteilfaunen und Kalkalgen (Dasycladaceen). Noch Elemente der Ediacara-Faunen vorhanden, artenarme Hartteilfauna, erste Kalkalgen.
590	Proterozoikum	Vendium		Jüngere Ediacara-Faunen, grasartige Algen unbekannter systematischer Zugehörigkeit.

Tab. 2. Zeitliche Gliederung des älteren Paläozoikums und die wichtigsten Stufen pflanzlicher Entwicklung.

den Arten. Offensichtlich erlaubte die noch zu hohe UV-Strahlung der Sonne noch kein Leben auf dem Lande.

Erst aus viel jüngerer Zeit, dem 450 Millionen Jahre zurückliegenden höheren Mittelordovicium, gibt es sichere Anzeichen dafür, daß vielzellige Pflanzen entweder bereits auf dem Lande lebten, oder doch wenigstens den Versuch unternommen hatten, durch Entwicklung einer epidermalen Schutzschicht, der aus hochpolymeren Fett- und Oxyfettsäuren bestehenden Kutikula, ein zeitweiliges Trockenfallen ihres Wuchsortes zu überstehen.

Demzufolge mußte sich inzwischen eine Ozonschicht gebildet haben, die so wirksam war, daß sie die UV-Strahlung der Sonne in ausreichendem Maße filterte. Erst dadurch wurde ein Pflanzen- und Tierleben auf dem Lande möglich.

Diese Veränderungen der Atmosphäre sind ausschließlich auf die rapide angestiegene photosynthetische Leistung der Pflanzen zurückzuführen. Man nimmt an, daß im Oberen Silur, als die ersten höheren Pflanzen sich anschickten, das Land zu erobern, der Sauerstoffgehalt der Atmosphäre bereits 95% des heutigen Wertes erreicht hatte.

Damit waren alle Voraussetzungen für die Radiation höheren Lebens auf der Erde erfüllt. Innerhalb des Pflanzenreiches nahm diese während des Devons infolge der ineinander greifenden und sich dadurch multiplizierenden evolutionären Prozesse einen rapiden Verlauf. In Tab. 2 sind die wichtigsten Ereignisse seit dem Beginn des Kambriums in geraffter Form zusammengestellt.

Stromatolithen und Sedimentstrukturen
(Vitrine 1)

Zeugen frühesten Lebens

Die als Blaualgen bezeichneten Cyanobakterien besitzen noch keinen Zellkern, können jedoch mit Hilfe von Chlorophyll a Photosynthese betreiben. Die dadurch verursachten feinschichtigen und unterschiedlich strukturierten Kalkausfällungen sind die ältesten Lebensspuren der Erdgeschichte (möglicherweise bis zu 3,5 Milliarden Jahre alt). Sie werden als Stromatolithen bezeichnet.

Sedimentstrukturen und Lebensspuren

An den Küsten vorzeitlicher Meere wie auch des Rheinischen Unterdevonmeeres herrschten die gleichen Bedingungen wie an den heutigen Meeresstränden, und so trifft man auch analoge Strukturen an, z.B. Strömungs- und Oszillationsrippeln, Trockenrisse sowie Tierfährten.

Abb. 1. Als *Archaeozoon* bezeichneter Stromatolith. - Bitter Springs-Formation (ca. 0,8 Milliarden Jahre). - Amadeus-Becken, Zentral-Australien.

Abb. 2. Als *Collenia* bezeichneter Stromatolith. - Transvaal-Formation (ca. 2,2 Milliarden Jahre). - Süd-Simbabwe, Afrika.

Die Besiedelung des Landes

Die Besiedelung des Landes durch die ersten Vertreter der höheren Pflanzen ist ein auch heute noch heftig umstrittenes Thema. Sicher ist nur, daß die Psilophyten oder Nacktfarne - die unmittelbaren Vorläufer unserer Bärlappe, Schachtelhalme und Farne - die ersten höheren Pflanzen waren, die außerhalb des Wassers lebten. Ihre ältesten Formen aus der oberen Silurzeit waren sehr klein und zeichneten sich durch nackte, gabelig verzweigte Sprosse mit endständigen Sporenkapseln (Sporangien) aus (vergl. *Cooksonia*, Vitrine 2).
Wer ihre Ahnen waren, entzieht sich unserer Kenntnis. Einig sind sich die Autoren lediglich darüber, daß es grüne Algen oder zumindest algenartige Pflanzen gewesen sein müssen. Denn nur diese besitzen die für die Photosynthese der höheren Pflanzen charakteristische Kombination von Chlorophyll a und b. Früher herrschte die Ansicht vor, daß bereits hoch entwickelte grüne Algen vom Meer aus den Schritt auf das Land vollzogen haben. Aber aus bereits hoch ausdifferenzierten Organismen kann nichts grundsätzlich Neues mehr entstehen, weil sie in ihrer Entwicklungsrichtung bereits zu sehr festgelegt sind. Deshalb ist diese Auffassung aus stammesgeschichtlichen Erwägungen heraus abzulehnen.

Heute ist man überwiegend der Meinung, daß bereits auf dem Lande lebende grüne Algen aus der Verwandtschaft der Charophyten (Armleuchteralgen) die Vorläufer der Nacktfarne gewesen sind. Aber auch unter den Anhängern dieser Hypothese gibt es Divergenzen.
Die entscheidenden Kriterien bei der Beurteilung der Abstammung der höheren Pflanzen sind ihr Generationswechsel und die Tatsache, daß die Zygote bei ihnen vom Gewebe der Geschlechtsgeneration (Gametophyt) umhüllt ist. Letzteres kommt nur bei einer einzigen lebenden Algengattung vor, der mit den Charophyten verwandten *Coleochaete*. Deshalb steht diese Gattung im Mittelpunkt der Betrachtungen. Aber der Generationswechsel von *Coleochaete* weicht beträchtlich von dem der höheren Pflanzen ab. Es fehlt die gesamte Sporophytengeneration, und die Reifeteilung (Meiose) findet schon innerhalb der befruchteten Eizelle (Zygote) statt (vgl. hierzu den Generationswechsel der Farne, Vitrine 4). Es wird daher angenommen, daß durch zunehmende Verzögerung der Meiose allmählich eine Sporophytengeneration eingeschaltet wurde (Interkalationshypothese).
Demgegenüber vertreten andere Autoren die Auffassung, daß die höheren Pflanzen nur von solchen

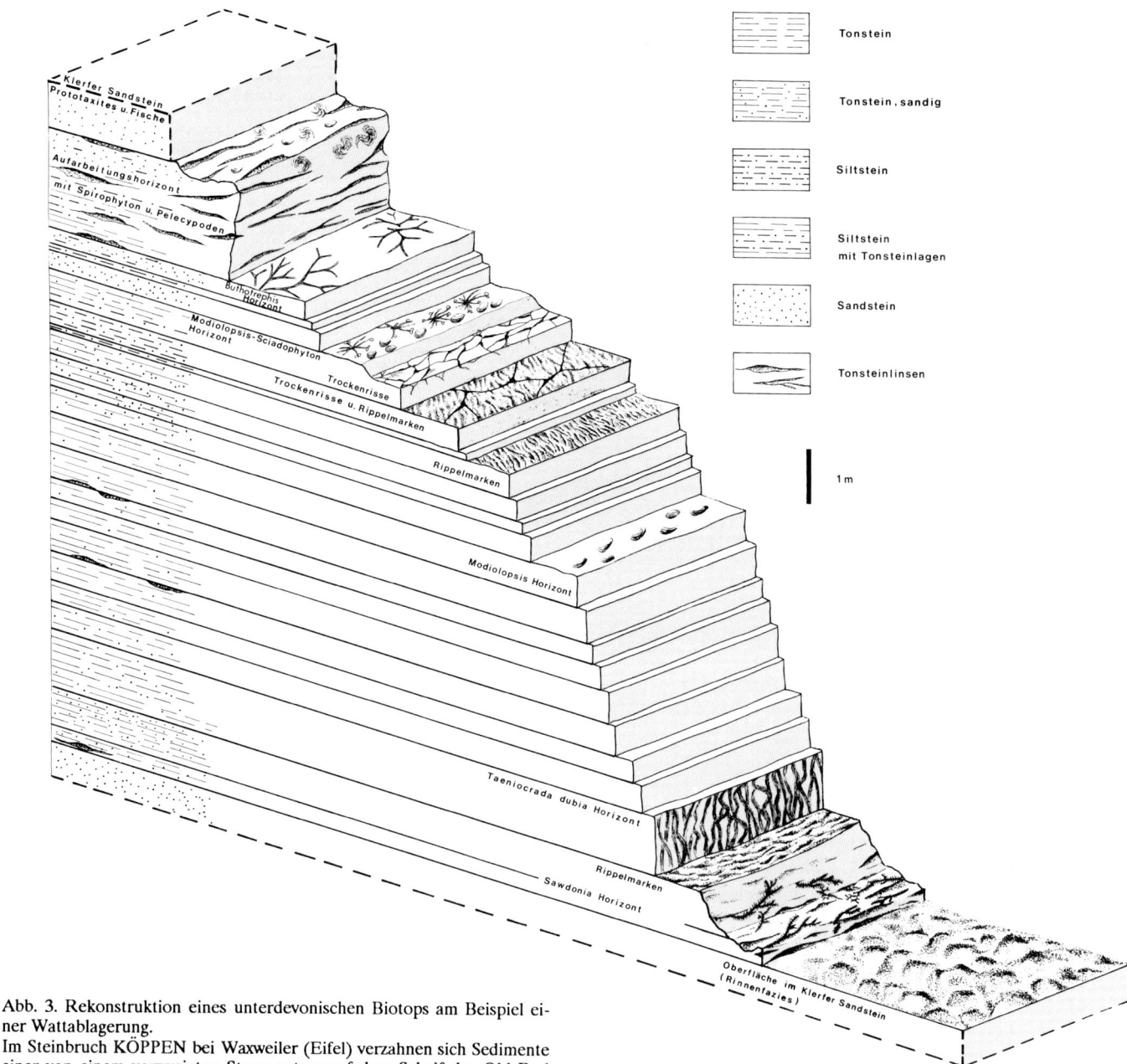

Abb. 3. Rekonstruktion eines unterdevonischen Biotops am Beispiel einer Wattablagerung.

Im Steinbruch KÖPPEN bei Waxweiler (Eifel) verzahnen sich Sedimente einer von einem verzweigten Stromsystem auf dem Schelf des Old Red Kontinents (vergl. S. 9) gebildeten Rinnenfazies mit Wattablagerungen des Rheinischen Unterdevonmeeres. Das dargestellte Blockbild zeigt an seiner Basis die Oberfläche der Rinnenfazies. Die unterlagernden Schichten mit den auf stärkere Transportkraft hinweisenden großen Strömungsrippeln sind bereits durch solche mit kleineren Strömungsrippeln abgelöst worden, worin sich ausklingende Strömungsaktivität andeutet.

Es folgt ein Tonsteinhorizont mit vielen, vom Land her eingeschwemmten Resten von *Sawdonia spinosissima* (vergl. Abb. 34). Diese müssen wegen ihrer Größe und guten Erhaltung von nahebei gewachsenen Pflanzen stammen. Mit der Abnahme der Pflanzenreste nimmt der Sandgehalt zu. Die Oberfläche des Horizontes ist mit Oszillationsrippeln überzogen. Das weist auf geringe Wasserbedeckung hin. Sie nahm allmählich zu, so daß optimale Lebensbedingungen für *Taeniocrada dubia* (Vitrine 5) entstanden, die dichte Bestände bildete. In den überlagernden, tonreicheren Sedimenten sind aber keine Fossilien enthalten. Erst nach 4 m folgt ein Muschelhorizont (*Modiolopsis ekpempusa*), von welchem an der Sandgehalt wieder zunimmt. Auch Schichtflächen mit Oszillationsrippeln treten wieder auf. Die untere hat kleinere Rippeln und keine Trockenrisse, während die obere Rippellage von Trockenrissen durchzogen wird. Solange die Schichtflächen von Wasser bedeckt waren, herrschte auf ihnen ein reiches Tierleben, das sich in Kriechspuren von Würmern, Kothäufchen und vielen Eurypteridenfährten (krebsartige Spinnentiere) dokumentiert. Die obere Rippellage ist dann längere Zeit trockengefallen. Über ihr wird das Sediment toniger, und es folgen zunächst eine Schichtfläche mit Trockenrissen und Eurypteridenfährten, aber ohne Rippelmarken, und dicht darüber ein *Sciadophyton*-Rasen (Prothallium von Psilophyten, vergl. Vitrine 4) mit Modiolopsiden. Hier liegt ein Auftauchbereich am Rande des Schlickwattes vor, aber es konnten aus den Sciadophyten keine Sporophyten hervorgehen, weil durch erneute Anlieferung von Sanden die Befruchtung bzw. Keimung unterbunden wurde. Nach der Sandschüttung mehren sich die Anzeichen für eine immer stärker werdende Zunahme der Wassertiefe. Das kommt zunächst durch eine in Lebensstellung eingebettete Alge, *Buthotrephis rebskei* (vergl. Abb. 19, Vitrine 3), dann in verstärktem Maß durch tierische Fossilien (Fraßspuren eines im höheren Subtidal lebenden Wurmes, *Spirophyton*, und der Muschel *Palaeoneilo maureri*) zum Ausdruck. Schließlich nahm die Wassertiefe noch mehr zu, und es kommen nur noch die baumförmigen Algen der Gattung *Prototaxites* (Abb. 17, Vitrine 3) sowie Fische vor.

So lassen sich anhand von Sedimentstrukturen sowie pflanzlichen und tierischen Fossilien ehemalige Lebensräume rekonstruieren (vergl. hierzu Abb. 11).

Abb. 4. Oszillationsrippeln aus der in Abb. 3 dargestellten Wattablagerung. Sie entstehen durch Wellenbewegungen und werden in flacherem Wasser auf sandigem Boden als parallele Rippen festgelegt.

Algen abgeleitet werden können, die bereits einen heterophasischen Generationswechsel gehabt haben, bei dem also wie bei den Farnen auf einen die Sporen erzeugenden Sporophyten ein unabhängig von diesem lebender, geschlechtertragender Gametophyt folgt. Beide Generationen sollen aber - im Gegensatz zu den höheren Pflanzen - zunächst isomorph gewesen sein, d.h. von gleicher Gestalt und Größe. Da ein solcher Generationswechsel bei keiner bekannten Charophyte vorkommt, wurde eine hypothetische, auf dem Lande lebende Armleuchteralge als Ausgangsform zugrunde gelegt.

In Wirklichkeit gibt es aber keine einzige heutige Alge oder Algengruppe, die die gesamte Merkmalskombination der höheren Pflanzen in sich birgt. Alle jetzt lebenden Algen sind bereits zu hoch spezialisiert. Nur aus ihrer Gesamtheit läßt sich eine Urform für die Ableitung der höheren Pflanzen rekonstruieren.

Beträchtliche Kenntnislücken hat die Entdeckung des Generationswechsels der Nacktfarne im Rheinland geschlossen (vergl. Vitrine 4). Seitdem wissen wir, daß er wie bei den rezenten Farnpflanzen in zwei Phasen erfolgte. Da aber der Gametophyt (*Sciadophyton*) viel größer und auch dem Sporophyten ähnlicher ist als bei den lebenden Farnpflanzen, kann daraus geschlossen werden, daß die beiden Generationen bei den ursprünglichsten Formen ± isomorph gewesen sein müssen.

Während wir einen ± isomorphen Generationswechsel von rezenten Charophyten nicht kennen, ist er von echten Grünalgen - Chlorophyten - (z.B. *Ulva*), von Braunalgen (*Dictyota*) und Rotalgen *(Polysiphonia)* bekannt. Es lassen sich noch zahlreiche weitere Beispiele von Merkmalen der höheren Pflanzen aufführen, die bei manchen Algengruppen vorhanden sind, den Charophyten aber fehlen und umgekehrt. Es würde jedoch zu weit führen, diese alle aufzuzählen.

Fest steht somit, daß die höheren Pflanzen von keiner bestimmten rezenten Algengruppe abgeleitet werden können. Vorfahren, die alle zu fordernden Merkmale in sich trugen (zumindest als Zellinformationen), sind heute ausgestorben. Sie müssen jedoch folgende Eigenschaften besessen haben: einen isomorphen Generationswechsel, fixierte und in Hüllgewebe eingebettete Eizellen und Zygoten sowie Chlorophyll a und b. Außerdem müssen sie zu Spitzenwachstum (durch Apikalmeristem) und zur Zellulosebildung im Gewebe fähig gewesen sein.

Mehrere Befunde lassen den Schluß zu, daß die Besiedlung des Landes durch höhere Pflanzen im Oberen Silur und tieferen Unterdevon direkt vom Meer aus erfolgt ist. Es sind dies einmal heute ausgestorbene Meeresalgen, die Kutin gebildet haben, wie beispielsweise die Prototaxiten (Vitrine 3). Kutin dient dem Verdunstungsschutz und gehört mit anderen verwandten Stoffen zu den hochpolymeren Fett- und Oxyfettsäuren, die als erhärtender Schutzfilm an der Oberfläche der Epidermiszellen ausgeschieden werden. Auch das gemeinsame Vorkommen der ältesten Psilophyten mit Meerestieren unterstützt diese Annahme.

Frühe Versuche, das Land zu erobern
(Vitrine 2)

Bakterien und Algen

Schon lange vor der Entstehung der Farn- und Blütenpflanzen haben primitive Organismen das Land besiedelt. Bereits vor 2,5 Milliarden Jahren bildeten Bakterien Lebensgemeinschaften, um ein zeitweiliges Trockenfallen ihrer Biotope überdauern zu können. Höher entwickelte Algen oder algenähnlichen Pflanzen versuchten den Schritt vom Wasser auf das Land zu vollziehen, indem sie eine besondere Schutzschicht für die Epidermiszellen entwickelten, die sog. Kutikula. Diese fehlt den heutigen Algen, ist aber bei allen höheren Landpflanzen vorhanden. Eine Kutikula besaßen z.B. die Nematophyten, eine ausgestorbene, heterogene Pflanzengruppe, zu der im weitesten Sinne auch im Devon vorkommende Algen wie *Prototaxites* und *Orestovia* gehören.

Abb. 5. *Sporogonites exuberans* HALLE, ein unterdevonisches Laubmoos; lang gestielte, noch unreife Sporenkapsel mit Haube (Operculum). Bei der Sporenreife springt diese ab, und die Kapseln sehen wie abgeschnitten aus (x4). - Obersiegen. - Bleiberg bei Maubach, Eifel.

Moose

Ihre bereits weit fortgeschrittene Entwicklung im Unterdevon beweist, daß auch Moose zu den frühen Landbesiedlern gehörten. Es gab sowohl Leber- wie auch Laubmoose. *Parka* war vermutlich ein Lebermoos, *Sporogonites* dagegen ein Laubmoos, bei dem die Sporenkapsel eine Haube (Operculum) trug, die - wie bei manchen heutigen Laubmoosen - bei der Sporenreife absprang.

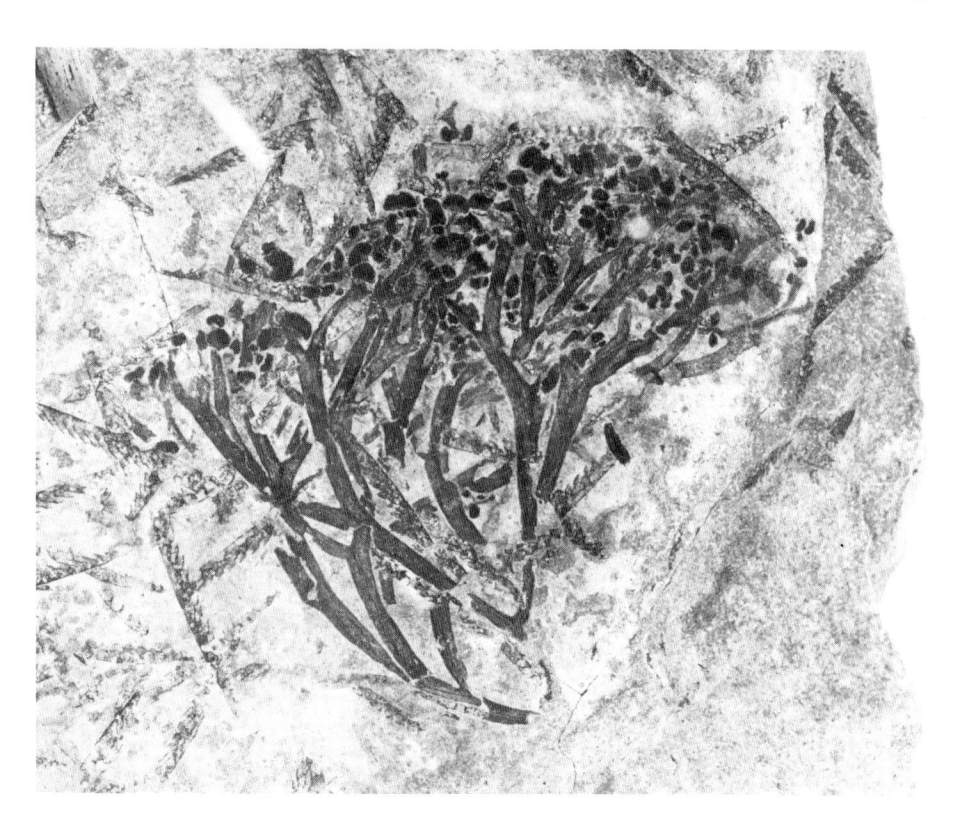

Abb. 6. *Cooksonia bohemica* SCHWEITZER kommt zusammen mit meeresbewohnenden Graptolithen *(Pristiograpthus ultimus)* im böhmischen Silur vor. Das abgebildete Stück ist der bisher vollständigste Fund dieser Gattung frühester Gefäßpflanzen. - Pridoli-Schichten (Obersilur). - Dlauhá hora bei Beraun.

Entwicklung des Gefäßbündels

Eine dauerhaft erfolgreiche Besiedelung des Landes wurde aber erst möglich, nachdem die Pflanzen ein besonderes Wasserleitgewebe, das sog. Gefäßbündel, ausgebildet hatten. Es zeichnet alle höheren Pflanzen aus. Man bezeichnet sie deshalb auch als Gefäßpflanzen. Die ältesten waren die Nacktfarne (Psilophyten), die vor etwa 420 Millionen Jahren erschienen und die Ahnen der Bärlappe, Schachtelhalme und Farne waren.

Zu den primitivsten und ältesten Psilophyten gehören die Cooksonien. Sie waren gabelig verzweigt und besaßen endständige Sporenkapseln (Sporangien).

Der Generationswechsel
(Vitrine 4)

Der Generationswechsel der heutigen Farnpflanzen

1851 entdeckte WILHELM HOFMEISTER den Generationswechsel der Farnpflanzen. Die im Sporangium gebildeteten Sporen keimen zu einem Vorkeim (Prothallium) aus, einem kleinen, hinfälligen Gebilde, das die Geschlechtsgeneration (Gametophyt) darstellt. Auf ihm entstehen die Geschlechtsorgane, die männlichen Antheridien und weiblichen Archegonien. Bei der Reife entlassen die Antheridien begeißelte Schwärmer (Spermatozoiden), die sich mit Hilfe eines Wassertropfens - angelockt durch Äpfelsäure - zu den Archegonien hinbewegen und die Eizelle befruchten. Diese wird dadurch zur Zygote, deren Zellkern den doppelten Chromosomensatz enthält. Aus der diploiden Zygote entwickelt sich die ebenfalls diploide junge Bärlapp-, Farn- oder Schachtelhalmpflanze, die bei der Reife Sporangien bildet, in denen die Sporen erzeugt werden. Deshalb bezeichnet man diese Generation als Sporophyten. Der Bildung der Sporen geht die Reifeteilung (Meiose) voraus, durch die die Anzahl der Chromosomen halbiert wird, so daß die Sporen wiederum den einfachen Chromosomensatz enthalten. Damit ist der Kreislauf geschlossen. Es sind also zwei getrennte Generationen vorhanden, das kleine haploide Prothallium und die große diploide Bärlapp-, Farn- oder Schachtelhalmpflanze.

Im Laufe der Höherentwicklung der Pflanzen werden die Prothallien immer stärker reduziert, und es erfolgt eine Trennung der Geschlechter, indem in den Sporangien entweder nur kleine männliche Mikrosporen oder große weibliche Megasporen gebildet werden. In einem weiteren Schritt verlassen

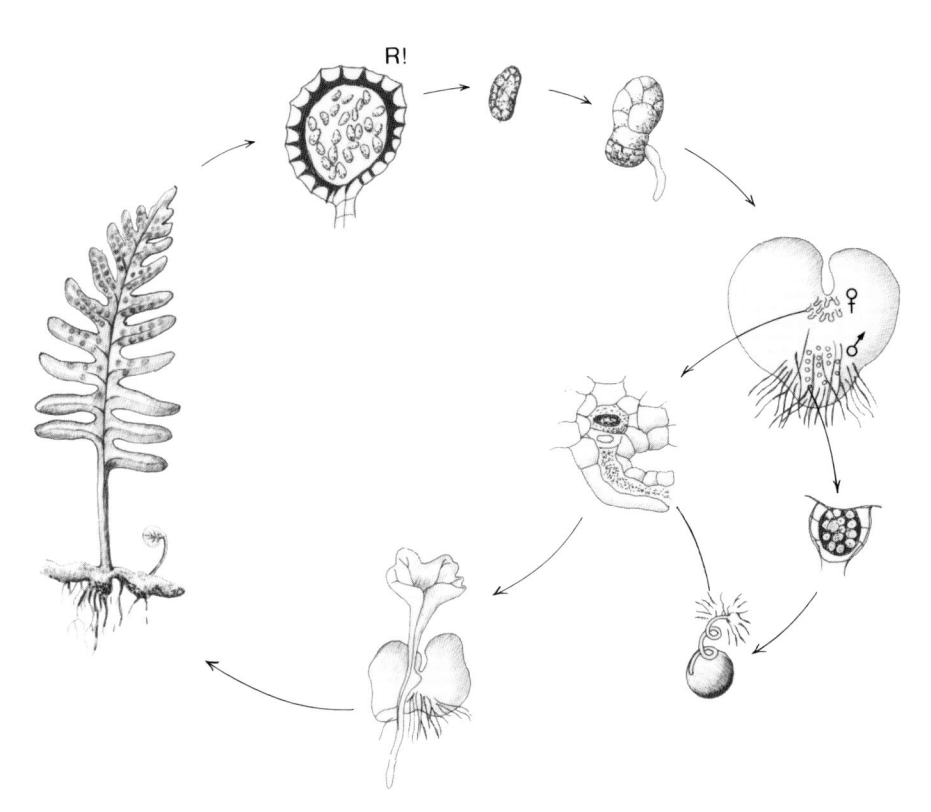

Abb. 7. Der Generationswechsel beim Engelsüß (*Polypodium vulgare*), einem häufigen einheimischen Farn.

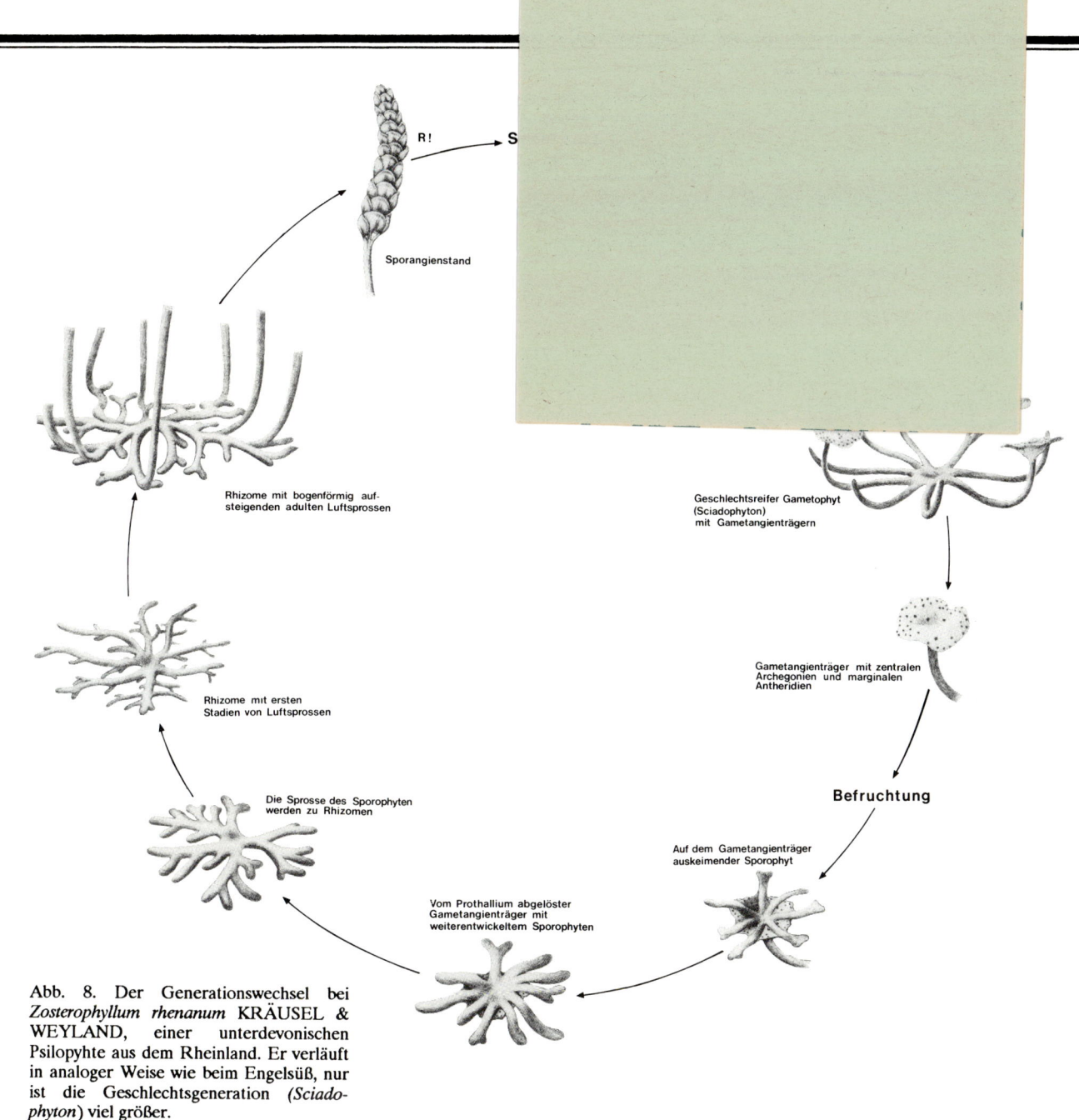

Abb. 8. Der Generationswechsel bei *Zosterophyllum rhenanum* KRÄUSEL & WEYLAND, einer unterdevonischen Psilopyhte aus dem Rheinland. Er verläuft in analoger Weise wie beim Engelsüß, nur ist die Geschlechtsgeneration *(Sciadophyton)* viel größer.

die weiter reduzierten Megaprothallien die Megasporen nicht mehr, und schließlich bleiben beide im Megasporangium eingeschlossen. Damit vollzieht sich der Generationswechsel nur noch im Verborgenen, und es ist der Übergang zu den Samenpflanzen erreicht.

Der Generationswechsel der Psilophyten

Der Generationswechsel der Psilophyten, der Vorfahren der heutigen Farnpflanzen, war bis vor kurzem Gegenstand von Spekulationen und heftigen Diskussionen. In 15-jähriger, intensiver Sammeltätigkeit konnten alle verschiedenen Entwicklungsstadien bei zwei Psilopyhten-Arten - *Zosterophyllum rhenanum* (Vitrine 6) und *Stockmansella (Taeniocrada) langii* (Vitrine 5) - aufgefunden und so der Generationswechsel aufgeklärt werden. Die Fossilien waren dank der extrem ruhigen Sedimentationsbedingungen im Unterdevon des Wahnbachtales bei Siegburg und des nahebei gelegenen Bröltales hervorragend erhalten. Der Generationswechsel der beiden Psilophyten entspricht grundsätzlich dem der lebenden gleichsporigen Farnpflanzen, jedoch ist der Gametophyt *(Sciadophyton)* viel größer und dem Sporophyten ähnlicher. Dies läßt darauf schließen, daß ursprünglich Gametophyt und Sporophyt gleich groß und von gleicher Gestalt waren, wie wir es von manchen rezenten Algen kennen.

Die Unterdevonflora des Rheinlandes

Das Rheinische Schiefergebirge mit seinen waldbedeckten Höhen, anmutigen Tälern, seinen vielen Burgen und rebenbestandenen Hängen war im Unterdevon vor 400 Millionen Jahren ein Meeresraum, der sich zwischen dem Old Red Kontinent im Norden und der Mitteldeutschen Schwelle im Süden erstreckte. Der Südrand dieses Kontinentes wird heute etwa durch eine Linie Aachen-Leverkusen markiert. Von dort aus dehnte sich das Festland nach Nordwesten über Belgien, England, Schottland, Nordamerika, Grönland Spitzbergen, Skandinavien und Rußland bis zum Ural aus. Seinen Namen hat das Old Red von den oft durch Eisen-3-Oxid rot gefärbten Ablagerungen erhalten, die besonders den Küsten Schottlands und Nordspitzbergens einen eigenen Reiz verleihen. Die Mitteldeutsche Schwelle verlief etwa entlang einer Linie Kreuznach-Bingen.

Dieses Gebiet war ein örtlich kräftig absinkender Trog, der in seinem Zentrum, dem Moselgebiet, während des Unterdevons eine Schichtenfolge von ca. 10 km Mächtigkeit aufnahm. Zu ihrer Entstehung ist aber kein besonders tiefes Meer die Ursache gewesen sondern eine mit der Absenkung über mehr als 25 Millionen Jahre Schritt haltende Sedimentzufuhr. Sie bewirkte, daß fast stets Flachmeerbedingungen herrschten. So konnten schon kleine Schwankungen des Meeresspiegels infolge geringfügiger tektonischer Hebungen oder eines Überangebotes an Sedimenten zur Bildung von Inseln und Wattenbereichen führen. Auf dem landfest gewordenen Küstenstreifen wiederum bedingten die reichlich vorhandenen wasserstauenden Tone hohe Grundwasserstände. Vom Meer zum Land bestand somit eine Fülle kontinuierlicher Übergänge, die Pflanzen mit unterschiedlichen ökologischen Ansprüchen Lebensmöglichkeiten boten. Das gilt insbesondere für den sich vor dem Old Red Kontinent erstreckenden Litoralbereich, den man sich als großes Strommündungsgebiet auf dem dem Kontinent vorgelagerten Schelf vorstellen muß. Im Süden, im Gebiet des Hunsrücks, waren die Lebensbedingungen für die Pflanzen wegen der größeren Wassertiefe erheblich schlechter. Das geht aus der in Abb. 9

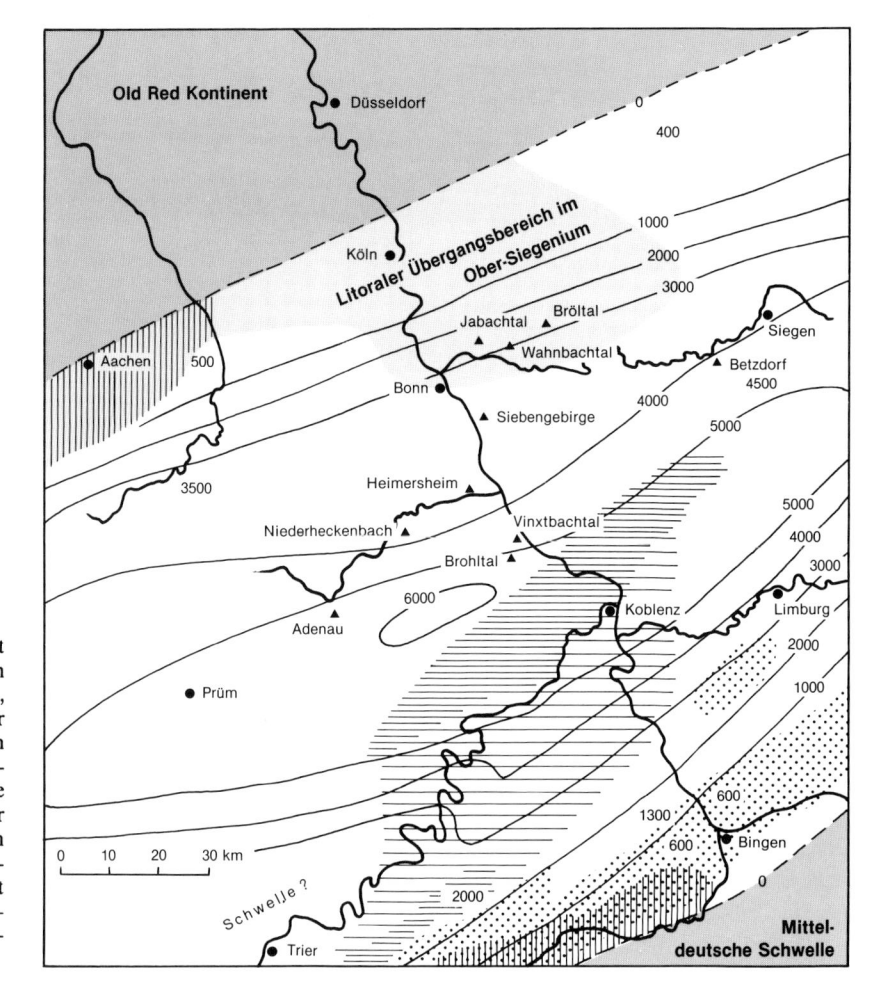

Abb. 9. Paläogeographie der Siegen-Zeit im Rheinland. Die Mächtigkeitsangaben beziehen sich auf das gesamte Siegen, weil derzeit für Karten, die jeweils nur das untere, mittlere und obere Siegen umfassen, nicht genügend Daten vorliegen. Der in der Karte eingezeichnete litorale Übergangsbereich gilt jedoch nur für das obere Siegen. - Senkrechte Linien = Rotsedimente, Punktiert = Taunusquarzit, waagrechte weite Linien = nicht aufgeschlossener Hunsrückschiefer, waagerechte enge Linien = anstehender Hunsrückschiefer.

dargestellten paläogeographischen Karte der Siegenzeit hervor.

Neben den Bodenverhältnissen waren auch die klimatischen Bedingungen wichtige Voraussetzungen für die Entwicklung der frühen Landpflanzen. Nach paläomagnetischen Messungen soll das Rheinland im Unterdevon in der Nähe des Äquators gelegen haben. Alle Fakten sprechen dafür, daß ausgeglichene Temperaturen und gleichmäßige Luftfeuchtigke geherrscht haben. Unter der Voraussetzung, daß sich die Solarkonstante nicht geändert hat und auch die Zusammensetzung der Atmosphäre bis heute annähernd gleich geblieben ist, dürften die Jahresdurchschnittstemperaturen zwischen 24° und 27°C betragen haben. Allen diesen Faktoren ist es zuzuschreiben, daß die Floren des Rheinischen Unterdevons zu den artenreichsten und mannigfaltigsten der Welt gehören.

Die während des Siegens herrschenden paläogeographischen Verhältnisse setzten sich zunächst im folgenden Ems fort. Jedoch nahmen die Einflüsse des Old Red Kontinents beträchtlich zu, so daß sich der nördliche Litoralbereich weit nach Süden vorschob. Von besonderem paläontologischen Interesse ist das kurzfristige inselartige Auftauchen von Teilen des Ablagerungsraumes südlich des Moseltroges während des höheren Unterems, durch welches die sogenannte Hunsrückinsel gebildet wurde. Sie war sehr flach und erhob sich nur wenige Meter über den Meeresspiegel. Häufig wurde sie überflutet. Dies bezeugen Pflaster der Muschel *Limoptera*, die unter vollmarinen Bedingungen lebte. Süßwassereinfluß ist auszuschließen. Damit ist bewiesen, daß die Nacktfarne (Psilophyten), die in großer Artenzahl und Verschiedenheit vorkamen, am Rande von Lagunen in Salzmarschen gediehen. Bei längerem Trockenfallen ihrer Lebensräume hatten sie besonders hohe Salzgehalte zu ertragen. Zusammen mit zwei nur von der Hunsrückinsel bekannten Algen und den auch an anderen Stellen des Rheinlandes vorkommenden Psilophyten sind im Steinbruch bei Alken an der Mosel die ältesten Landspinnen und viele krebsartige Tiere entdeckt worden.

Im höheren Ems, vor allem aber während des Mitteldevons, zog sich die Küstenlinie immer weiter nach Nordwesten zurück, so daß fast das gesamte Rheinische Schiefergebirge unter vollmarine Bedingungen geriet. Nur im Hohen Venn und im Bergischen Land blieben die litoralen Verhältnisse

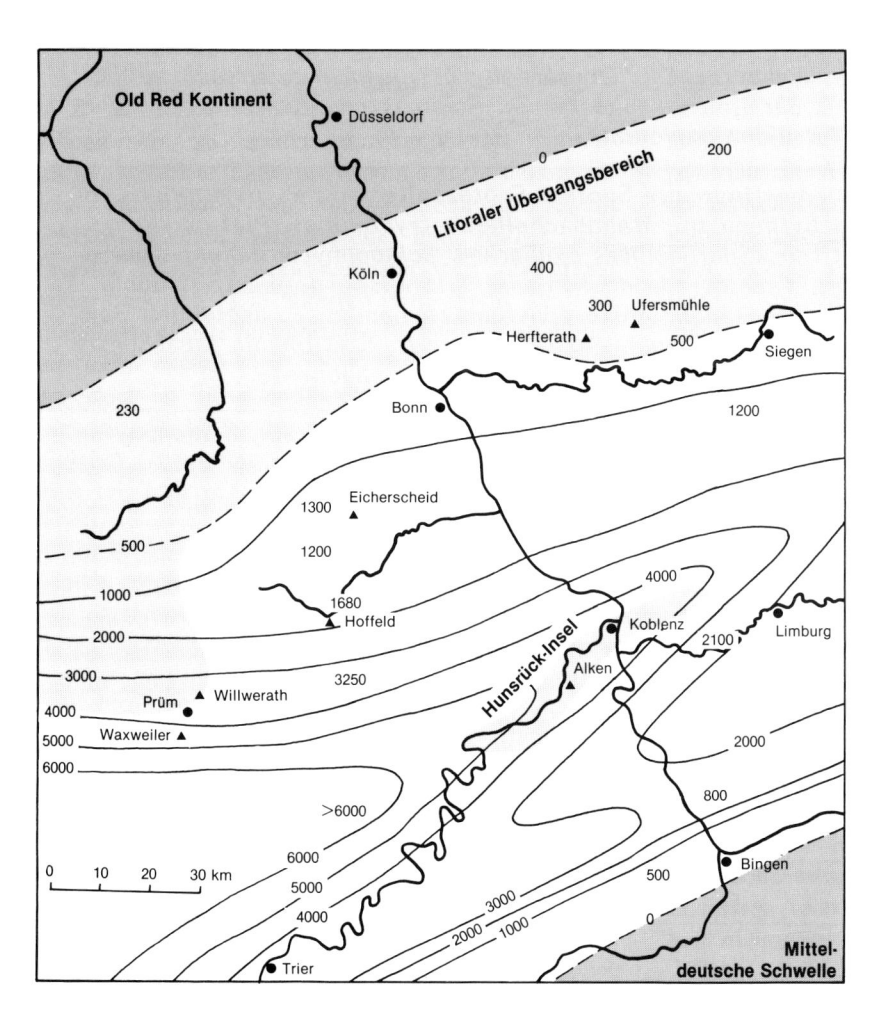

Abb. 10. Paläogeographie der unteren Ems-Zeit im Rheinland.

Abb. 12. Bei Ebbe aufgetauchte wiesenartige Seegras-Bestände (*Zostera nana*) an der Nordseeküste.

Abb. 13. Queller (*Salicornia europaea*)- und Salzgras (*Spartina* x *townsendi*)-Bestände.

crada) *langii* (vorwiegend in stärker limnisch beeinflußten Gebieten) vorhanden. In den Salzmarschen gediehen im Unterdevon die Gattungen, die man allgemein als Landpflanzen zu bezeichnen pflegt (*Drepanophycus, Gosslingia, Sawdonia, Psilophyton, Renalia* usw.) Alle diese Pflanzen hatten ein noch sehr unvollkommen funktionierendes Leitsystem. Sie waren daher in viel größerem Maße auf ausreichende Wasserzufuhr angewiesen, als die heutigen Strandpflanzen.

Algen aus dem Rheinischen Unterdevon
(Vitrine 3)

Algen gehören in der gesamten Erdgeschichte zu den seltensten Fossilien, da sie keine echten Gewebe besitzen und daher nur geringe Überlieferungschancen haben. Eine Ausnahme hiervon machen

dargestellten paläogeographischen Karte der Siegenzeit hervor.

Neben den Bodenverhältnissen waren auch die klimatischen Bedingungen wichtige Voraussetzungen für die Entwicklung der frühen Landpflanzen. Nach paläomagnetischen Messungen soll das Rheinland im Unterdevon in der Nähe des Äquators gelegen haben. Alle Fakten sprechen dafür, daß ausgeglichene Temperaturen und gleichmäßige Luftfeuchtigke geherrscht haben. Unter der Voraussetzung, daß sich die Solarkonstante nicht geändert hat und auch die Zusammensetzung der Atmosphäre bis heute annähernd gleich geblieben ist, dürften die Jahresdurchschnittstemperaturen zwischen 24° und 27°C betragen haben. Allen diesen Faktoren ist es zuzuschreiben, daß die Floren des Rheinischen Unterdevons zu den artenreichsten und mannigfaltigsten der Welt gehören.

Die während des Siegens herrschenden paläogeographischen Verhältnisse setzten sich zunächst im folgenden Ems fort. Jedoch nahmen die Einflüsse des Old Red Kontinents beträchtlich zu, so daß sich der nördliche Litoralbereich weit nach Süden vorschob. Von besonderem paläontologischen Interesse ist das kurzfristige inselartige Auftauchen von Teilen des Ablagerungsraumes südlich des Moseltroges während des höheren Unterems, durch welches die sogenannte Hunsrückinsel gebildet wurde. Sie war sehr flach und erhob sich nur wenige Meter über den Meeresspiegel. Häufig wurde sie überflutet. Dies bezeugen Pflaster der Muschel *Limoptera*, die unter vollmarinen Bedingungen lebte. Süßwassereinfluß ist auszuschließen. Damit ist bewiesen, daß die Nacktfarne (Psilophyten), die in großer Artenzahl und Verschiedenheit vorkamen, am Rande von Lagunen in Salzmarschen gediehen. Bei längerem Trockenfallen ihrer Lebensräume hatten sie besonders hohe Salzgehalte zu ertragen. Zusammen mit zwei nur von der Hunsrückinsel bekannten Algen und den auch an anderen Stellen des Rheinlandes vorkommenden Psilophyten sind im Steinbruch bei Alken an der Mosel die ältesten Landspinnen und viele krebsartige Tiere entdeckt worden.

Im höheren Ems, vor allem aber während des Mitteldevons, zog sich die Küstenlinie immer weiter nach Nordwesten zurück, so daß fast das gesamte Rheinische Schiefergebirge unter vollmarine Bedingungen geriet. Nur im Hohen Venn und im Bergischen Land blieben die litoralen Verhältnisse

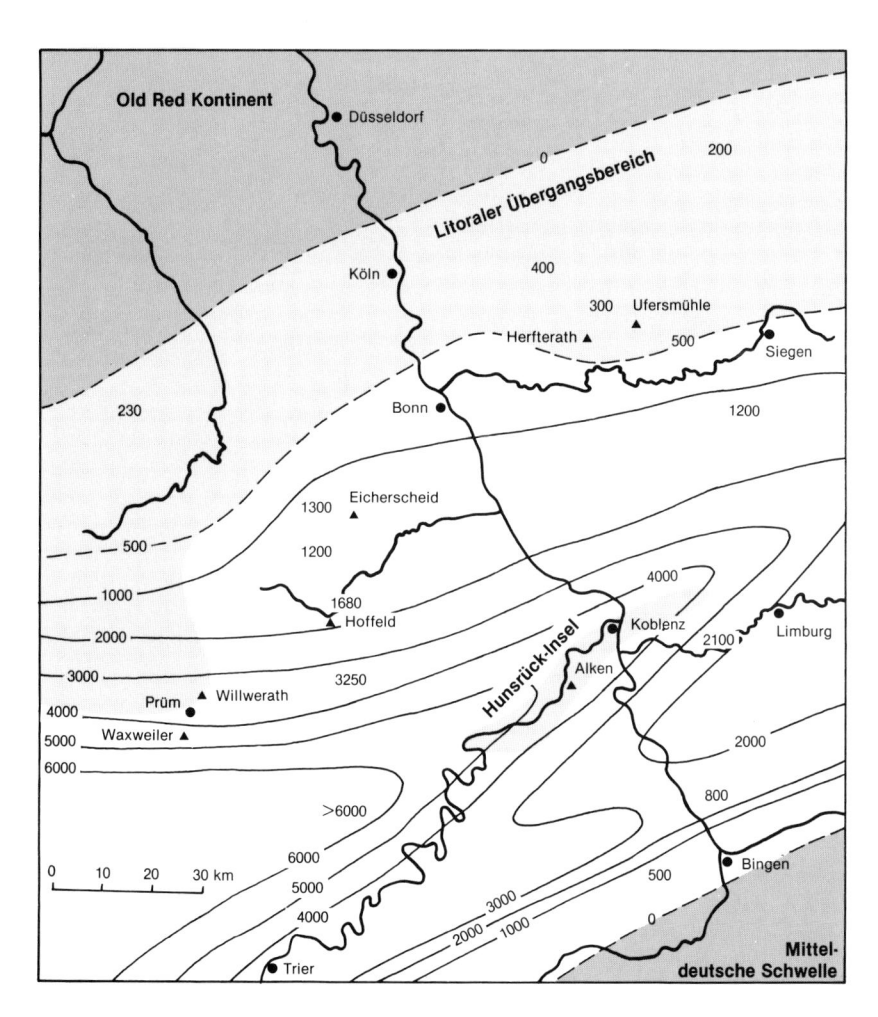

Abb. 10. Paläogeographie der unteren Ems-Zeit im Rheinland.

bestehen. Erst kürzlich sind hier im höchsten Oberems bei Meinerzhagen pflanzenführende terrestrische Ablagerungen zu Tage gekommen.

Die Rheinischen Devonfloren haben durch die grundlegenden Arbeiten von KRÄUSEL & WEYLAND große Berühmtheit, wie nur wenige andere Devonfloren, erlangt. Man hätte nicht erwarten können, daß danach noch wesentliche Neuentdeckungen gemacht werden könnten. Es ist aber das Gegenteil eingetreten. Allein im Unterdevon hat sich die Artenzahl mehr als verdoppelt.

Tab. 3. Gliederung des Unterdevons und stratigraphische Verbreitung aller bisher im Rheinland nachgewiesenen Pflanzenarten.

MITTELDEVON			
UNTERDEVON	Emsium	oberes	Reiche Sporenfloren. Umschwung zur mitteldevonischen Sporenflora schon mit dem Beginn des höheren Oberems. *Prototaxites psygmophylloides, Anisophyton gothani, Protolepidodendron scharianum, Gothanophyton zimmermannii.* Die Landpflanzenreste stammen aus dem Bergischen Land. Nur ein eingeschwemmter *Protolepidodendron*-Rest ist aus den marin entwickelten Sedimenten der Eifel bekannt geworden.
		mittleres	Mariner Einfluß, keine bestimmbaren pflanzlichen Makrofossilien, aber reiche Sporenfloren.
		unteres	Reiche Sporenfloren. *Prototaxites* sp., *P. hefteri, Pachytheca* sp., *Chaetocladus hefteri, Buthotrephis mosellae, B. rebskei, Sciadophyton laxum, Taeniocrada decheniana, T. dubia, Stockmansella langii, Zosterophyllum rhenanum, Z. spectabile, Z. fertile, Distichophytum mucronatum, ?Protobarinophyton* sp., *Sawdonia spinosissima, Drepanophycus spinaeformis, "Drepanophycus" gaspianus, Renalia graberti, R. major, Sartilmania jabachensis, Psilophyton arcuatum, P. burnotense, Tursuidea paniculata.*
	Siegenium	oberes	Erste gut bestimmbare Sporen. *Prototaxites* sp., *P. psygmophylloides, Pachytheca* sp., *Wahnbachella bostrychioides, Platyphyllum fissipartitum, Sporogonites exuberans, Sciadophyton laxum, Hicklingia* sp., *Taeniocrada decheniana, T. longisporangiata, T. dubia, Stockmansella langii, Zosterophyllum rhenanum, Z. deciduum, Sawdonia ornata, Drepanophycus spinaeformis, Sartilmania jabachensis, Psilophyton burnotense, Estinnophyton wahnbachense.*
		mittleres	Wenige, uncharakteristische Sporen. *Prototaxites* sp., *Sciadophyton laxum, Taeniocrada decheniana, T. longisporangiata, T. dubia, Gosslingia cordiformis, Drepanophycus spinaeformis.*
		unteres	Keine bestimmbaren Sporen. *Prototaxites* sp., *Pachytheca* sp., *Taeniocrada decheniana, Zosterophyllum rhenanum, Drepanophycus spinaeformis, Estinnophyton (Protolepidodendron) wahnbachense.*
	Gedinnium	oberes	Im Rheinland wegen schlechter Erhaltung keine bestimmbaren Sporen vorhanden. *Prototaxites* sp. Erstes Auftreten von *Drepanophycus spinaeformis*, wahrscheinlich auch von *Taeniocrada decheniana* und *Zosterophyllum rhenanum.*
		mittleres	
		unteres	
SILUR			

| SUPRATIDAL | INTERTIDAL | SUBTIDAL |
| TIEFERE SALZMARSCH | GEZEITENBEREICH | |

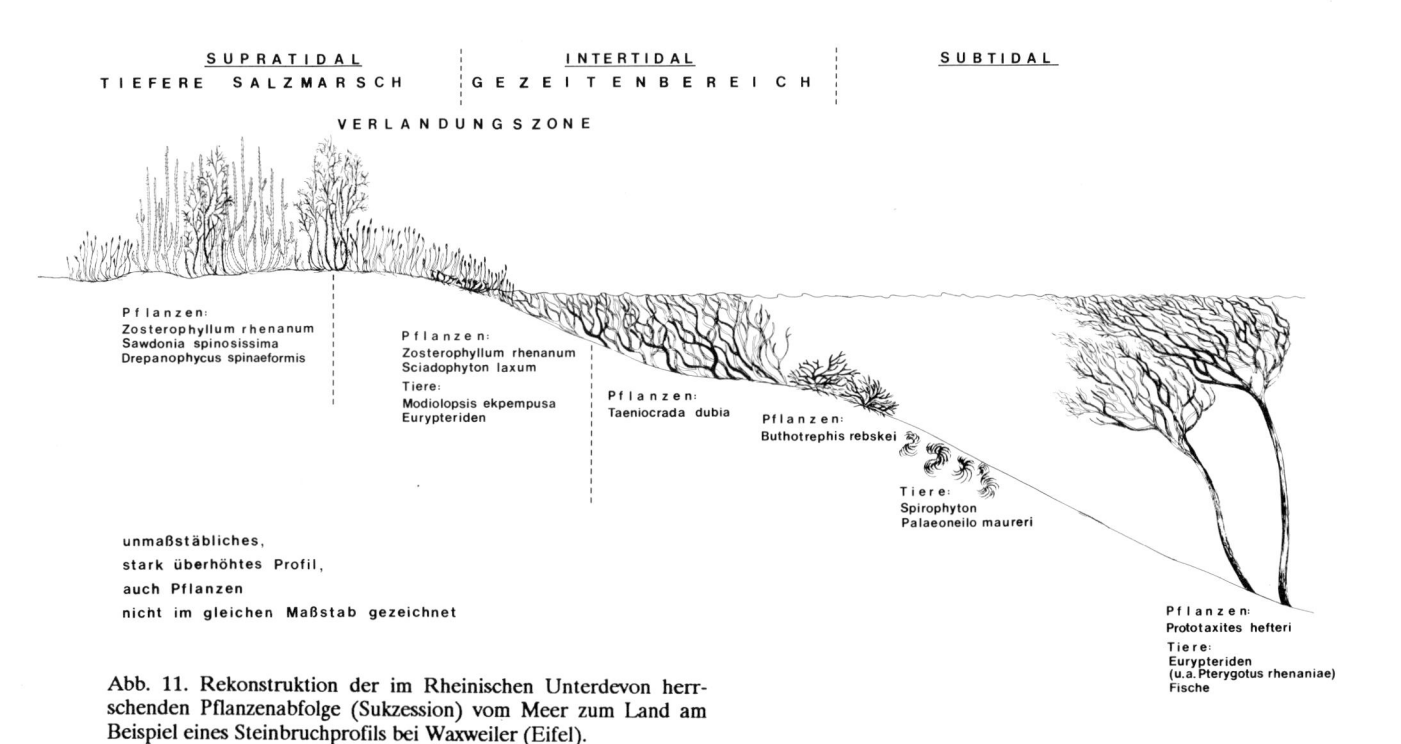

VERLANDUNGSZONE

Pflanzen:
Zosterophyllum rhenanum
Sawdonia spinosissima
Drepanophycus spinaeformis

Pflanzen:
Zosterophyllum rhenanum
Sciadophyton laxum
Tiere:
Modiolopsis ekpempusa
Eurypteriden

Pflanzen:
Taeniocrada dubia

Pflanzen:
Buthotrephis rebskei

Tiere:
Spirophyton
Palaeoneilo maureri

Pflanzen:
Prototaxites hefteri
Tiere:
Eurypteriden
(u.a. Pterygotus rhenaniae)
Fische

unmaßstäbliches,
stark überhöhtes Profil,
auch Pflanzen
nicht im gleichen Maßstab gezeichnet

Abb. 11. Rekonstruktion der im Rheinischen Unterdevon herrschenden Pflanzenabfolge (Sukzession) vom Meer zum Land am Beispiel eines Steinbruchprofils bei Waxweiler (Eifel).

KRÄUSEL unterschied nur zwei im Devon des Rheinlandes vorkommende Floren, eine unterdevonische *Psilophyton*-Flora und eine mitteldevonische, die er nach dem häufigsten Repräsentanten als *Hyenia*-Flora bezeichnete. Das steht jedoch in Widerspruch zu später durchgeführten sporenstratigraphischen Untersuchungen, nach denen sowohl im Unter- wie im Mitteldevon jeweils mehrere deutlich verschiedene und zeitlich aufeinander folgende Sporenassoziationen abgegrenzt werden können. Die ältesten von ihnen sind im Rheinland wegen ungünstiger Erhaltungsbedingungen nicht nachweisbar. Vom höheren Siegen an, besonders im Ems und im Mitteldevon, läßt sich dagegen mit Hilfe der Sporen eine recht genaue zeitliche Gliederung der Sedimente durchführen. Auch mit Makrofossilien können heute Siegen- und Emsfloren unterschieden werden, wenn auch nicht so genau wie mit den Sporen. Aus Tab. 3 ist ersichtlich, daß im Ems zahlreiche neue Arten erscheinen.

Als Lebensräume der Rheinischen Unterdevonfloren kommt hauptsächlich das Litoral in Betracht, d.h. das Watt und das vom Meer stark beeinflußte flache Vorfeld des Old Red Kontinents. Auch auf zeitweilig auftauchenden Inseln hatten die Pflanzen gute Lebensmöglichkeiten. Ruhige Wachstumsbedingungen in geschützten Buchten und Lagunen, in Küstensümpfen sowie an Ufern und feuchten Niederungen einmündender Flüsse haben nicht nur für eine erstaunliche Artenvielfalt, sondern auch für einen großen Individuenreichtum gesorgt. Stellenweise ist dieser so hoch gewesen, daß sogar kleine Kohlenflöze entstanden.

Bei den Verlandungszonen der heutigen Küsten vom Meer zum Land ist eine deutliche Abfolge (Sukzession) in der Zusammensetzung der Flora zu beobachten. Ähnlich ist es schon im Unterdevon gewesen. Die in Abb. 11 dargestellte Sukzession kann als typisch für das gesamte Rheinische Unterdevon angesehen werden.

Den tieferen subtidalen Bereich bis zu einer Wassertiefe von ca. 50 m besiedelten große, baumförmige Algen der Gattung *Prototaxites* (Vitrine 3). Als Beispiel für ein rezentes Analogon kann auf den Südatlantik verwiesen werden, wo an den Küsten Argentiniens, Feuerlands und der Falklandinseln noch heute ähnlich große Algenbäume der Braunalgengattung *Lessonia* existieren.

Für weitere Vergleiche können auch die heute an der Nordseeküste herrschenden Verhältnisse herangezogen werden, die uns besser vertraut sind. Der Gezeitenbereich, in dem sich heute die Seegraswiesen (*Zostera*) befinden, war im Rheinischen Unterdevon außer von kleinen Algen vor allem von den vorwiegend submers (untergetaucht) lebenden *Taeniocrada*-Arten, *T. decheniana* und *T. dubia*, bewohnt. Anstelle von Queller-Salzgras-Andelgras-Wiesen (*Salicornia - Spartina - Puccinellia maritima*-Wiesen) in der unmittelbaren Verlandungszone waren im Unterdevon sich bisweilen kilometerweit erstreckende Bestände von *Zosterophyllum rhenanum* (vorwiegend in stärker marin beeinflußten Gebieten) und *Stockmansella* (*Taenio-

Abb. 12. Bei Ebbe aufgetauchte wiesenartige Seegras-Bestände (*Zostera nana*) an der Nordseeküste.

Abb. 13. Queller (*Salicornia europaea*)- und Salzgras (*Spartina* x *townsendi*)-Bestände.

crada) *langii* (vorwiegend in stärker limnisch beeinflußten Gebieten) vorhanden. In den Salzmarschen gediehen im Unterdevon die Gattungen, die man allgemein als Landpflanzen zu bezeichnen pflegt (*Drepanophycus, Gosslingia, Sawdonia, Psilophyton, Renalia* usw.) Alle diese Pflanzen hatten ein noch sehr unvollkommen funktionierendes Leitsystem. Sie waren daher in viel größerem Maße auf ausreichende Wasserzufuhr angewiesen, als die heutigen Strandpflanzen.

Algen aus dem Rheinischen Unterdevon
(Vitrine 3)

Algen gehören in der gesamten Erdgeschichte zu den seltensten Fossilien, da sie keine echten Gewebe besitzen und daher nur geringe Überlieferungschancen haben. Eine Ausnahme hiervon machen

Abb. 14. Queller- und Andelgras *(Puccinellia maritima)*-Bestände, dazwischen Trockenrisse.

Abb. 15. Pflanzengesellschaft der tieferen Salzmarsch mit Strandflieder *(Limonium vulgare)*, Strand-Beifuß *(Artemisia maritima)* u.a.

nur Kalkalgen, die mächtige Kalklager bilden können. Auch im Rheinischen Unterdevon findet man kaum Algen in nennenswerter Menge. Lediglich die Gattung *Prototaxites*, die möglicherweise von einer ausgestorbenen Seitenlinie der Rotalgen abstammt, kommt häufiger vor. Devonische Algen lassen sich wegen fehlender Vermehrungsorgane nicht systematisch einordnen und können daher nur zu Formgattungen gestellt werden, die auf die äußere Morphologie gegründet sind.

Taeniocraden des Rheinischen Unterdevons
(Vitrine 5)

Die Gattung *Taeniocrada* ist eine heterogene Sammelgattung für vorwiegend untergetaucht (submers) lebende Psilophyten, deren Anatomie noch unbekannt ist. *T. decheniana* und *T. dubia* kommen im rheinischen Unterdevon stellenweise in so großen Mengen vor, daß sie sogar kleine Kohleflöze gebildet haben. Die zusammengeschwemmten sterilen Triebe der verschiedenen Arten lassen sich meist nicht unterscheiden, aber die Fruktifikationen weichen deutlich voneinander ab.

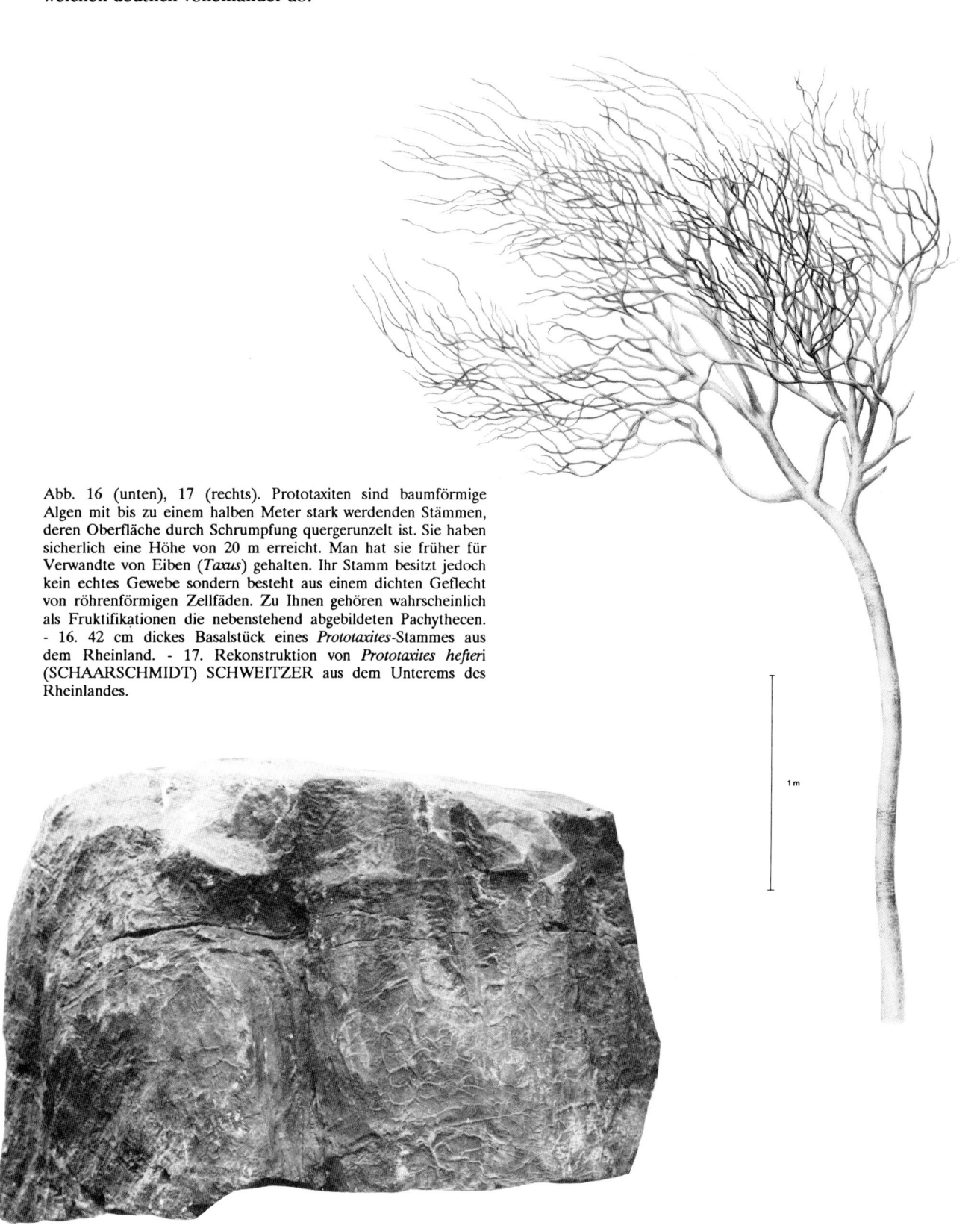

Abb. 16 (unten), 17 (rechts). Prototaxiten sind baumförmige Algen mit bis zu einem halben Meter stark werdenden Stämmen, deren Oberfläche durch Schrumpfung quergerunzelt ist. Sie haben sicherlich eine Höhe von 20 m erreicht. Man hat sie früher für Verwandte von Eiben (*Taxus*) gehalten. Ihr Stamm besitzt jedoch kein echtes Gewebe sondern besteht aus einem dichten Geflecht von röhrenförmigen Zellfäden. Zu Ihnen gehören wahrscheinlich als Fruktifikationen die nebenstehend abgebildeten Pachythecen. - 16. 42 cm dickes Basalstück eines *Prototaxites*-Stammes aus dem Rheinland. - 17. Rekonstruktion von *Prototaxites hefteri* (SCHAARSCHMIDT) SCHWEITZER aus dem Unterems des Rheinlandes.

Abb. 18. Pachythecen bestehen aus einem zentralen "Mark" und einer meist in zwei Schichten gegliederten "Rinde". Bei unreifen Exemplaren wird das "Mark" von dickdarmartig ineinander verschlungenen Schläuchen durchzogen. Daran schließt sich nach außen eine Schicht an, in der sich die Schläuche durch Versteifung ihrer Wandverdickungen zu Röhren umwandeln, die ein grobmaschiges Netz bilden. Die Netzmaschen werden durch die Verwachsungen und Verzweigungen der Röhren immer enger, was zur Folge hat, daß sich die Röhren in der nun folgenden "Rindenschicht" radiär anordnen und dicht nebeneinander liegend nach außen ziehen, wo sie von einer Epidermis umschlossen werden.

Bei der Reife entwirren sich die Schläuche des "Markes" zu einem polygonalen Maschenwerk, das in zunehmendem Maße auf die grobmaschige Zone übergreift. Sie verschleimen mehr und mehr und werden zu einer formlosen Gallertmasse. In ihr werden dann Sporen (Karposporen) gebildet. Wenn diese reif sind, öffnet sich von hier aus ein durch die "Rinde" ziehender Kanal, durch den die Sporen ins Freie gelangen.

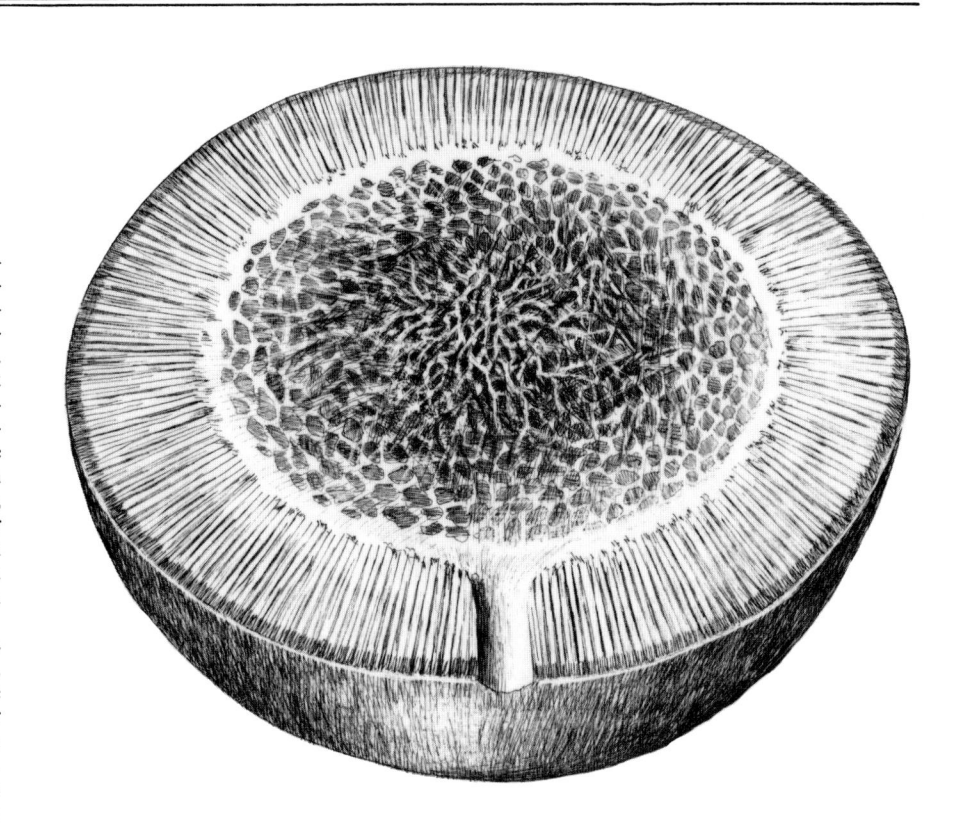

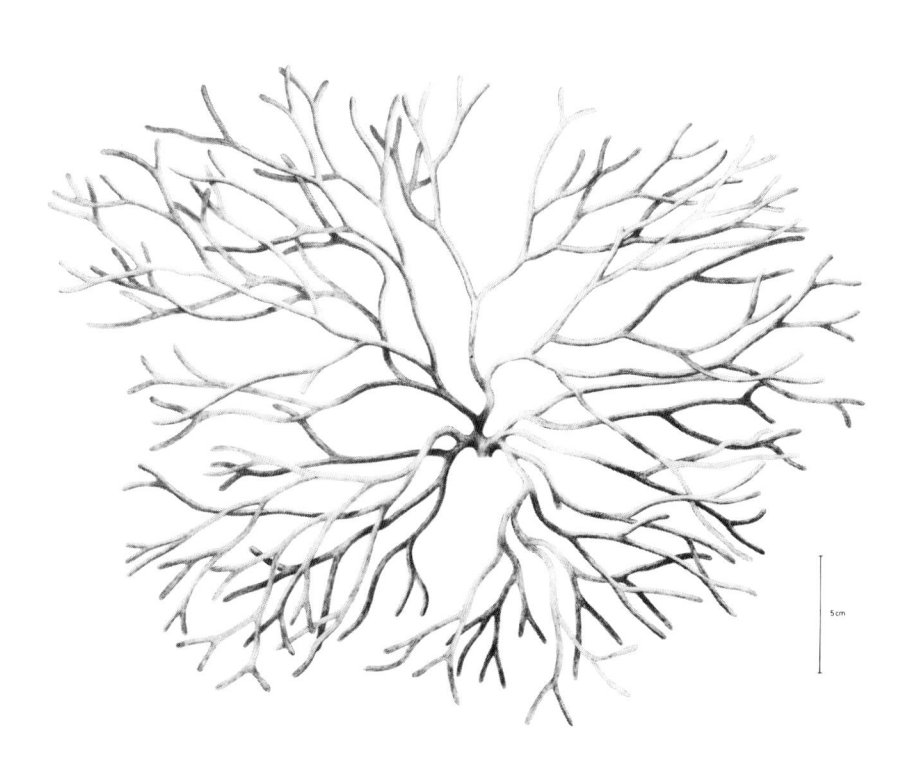

Abb. 19. *Buthotrephis rebskei* SCHWEITZER war eine kleinere, in seichtem Meerwasser lebende Alge, die bei Waxweiler (Eifel) in Lebensstellung rasenbildend eingebettet wurde.

Abb. 20. *Taeniocrada decheniana* (GÖPPERT) KRÄUSEL & WEYLAND, die häufigste Art des Rheinlandes - besonders im Siegen -bevorzugte marine Biotope und kommt deshalb meist zusammen mit Meerestieren vor. Früher war man der Meinung, daß ihre wiederholt gabelig verzweigten Sproßachsen flach wie bei manchen Laichkräutern waren. Neue Funde haben jedoch ergeben, daß sie in Wirklichkeit rundliche Stengel besaßen. Wegen ihre Weichheit wurden sie aber fast immer bei der Setzung des Sedimentes plattgedrückt, so daß nur das festere Leitbündel erhaben hervortritt. Die selten erhaltenen Sporangienstände sind rispig und die ellipsoidischen Sporangien endständig. Die Abbildung zeigt eine neue Rekonstruktion der Pflanze.

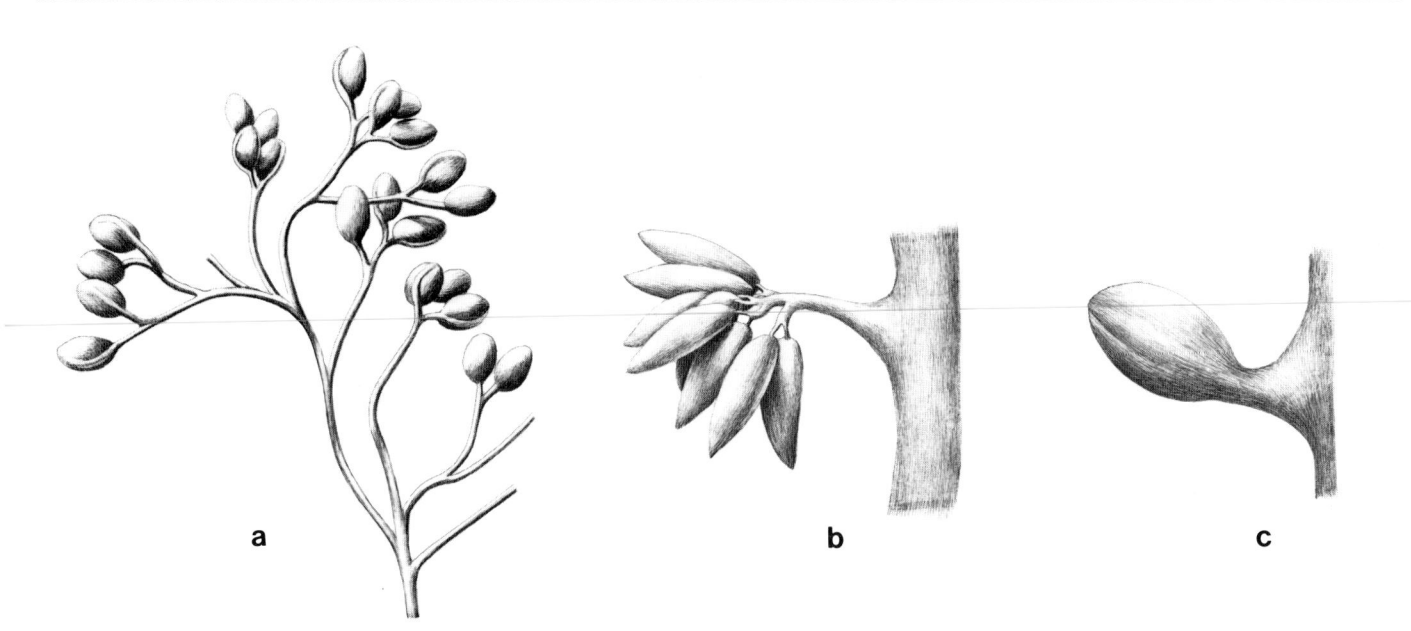

Abb. 21. Übergang von terminaler zu lateraler Stellung der Sporangien bei den Taeniocraden. - a. Rispiger Sporangienstand mit terminalen Sporangien bei *T. decheniana*. - b. An kleinen, mehrfach verzweigten Seitentrieben entspringende, zigarrenförmige Sporangien bei *T. longisporangiata* SCHWEITZER (sterile Reste dieser Art wurden früher *T. decheniana* zugeordnet, nach der Entdeckung der Sporangien stellte es sich jedoch heraus, daß eine andere Art vorliegt). - c. Lateral an weitgehend reduzierten Stielen entspringende Einzelsporangien bei *Stockmansella (T.) langii*. - nicht maßstabgerecht.

Abb. 22. Sporangien von 3 *Taeniocrada*-Arten: oben *T. langii*, Mitte *T. longisporangiata*, unten ? *T. dubia*. *Taeniocrada dubia* KRÄUSEL & WEYLAND ist mehr im Ems verbreitet, kam aber an analogen Wuchsorten wie *T. decheniana* vor. Die unteren Teile der Sproßachsen, die aus einem kriechenden Wurzelstock (Rhizom) hervorgingen, waren dicht mit kleinen hakenförmigen Haaren besetzt, die aber lediglich Ausstülpungen von Epidermiszellen (Emergenzen) und deshalb sehr hinfällig waren. Nach oben verkahlten die Sproßachsen und sind dann nicht mehr von denen von *T. decheniana* zu unterscheiden. Die Fruktifikationen sind noch nicht sicher bekannt. Möglicherweise gehören die nebenstehend abgebildeten Sporangienstände dazu.

craden abgetrennt und als *Stockmansella langii* beschrieben worden.

Zur Rekonstruktion von *Stockmansella langii*: In Wirklichkeit ist die Pflanze nicht so stark verzweigt. Manche Exemplare blieben wohl gänzlich unverzweigt. Man hätte etwa 10 Pflanzen zeichnen müssen, um die hier veranschaulichten Verzweigungstypen den natürlichen Verhältnissen entsprechend darzustellen.

Zosterophyllen des Rheinischen Unterdevons
(Vitrine 6)

Die hier gezeigten kleineren Arten muß man sich wohl vorwiegend als Bewohner des Übergangsbereiches zwischen der Gezeitenzone und den Salzmarschen vorstellen. Das gilt besonders für *Zosterophyllum rhenanum*, das dort dichte, binsenartige Bestände bildete und als Fossil oft den Eindruck erweckt, als sei eine Wiese des Seegrases (*Zostera*) eingebettet worden. Die Anzahl der im Rheinland nachgewiesenen Arten hat in den letzten Jahrzehnten beträchtlich zugenommen. KRÄUSEL & WEYLAND war nur eine einzige Art bekannt.

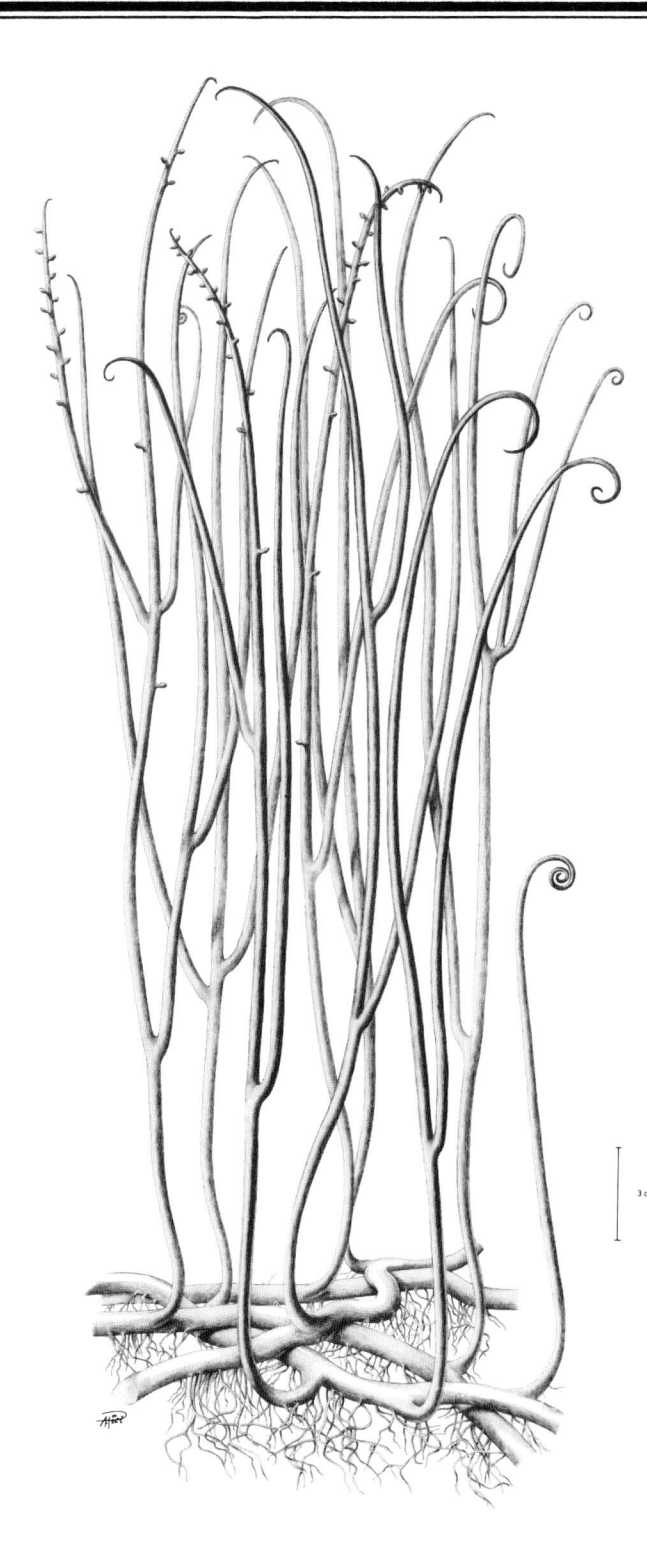

Abb. 23. *Stockmansella (Taeniocrada) langii* (STOCKMANS) FAIRON-DEMARET war im Gegensatz zu den anderen Arten keine submerse Pflanze sondern bildete ausgedehnte schilfartige Bestände in den Deltagebieten der in das Unterdevonmeer einmündenden Flüsse. Es sind alle Teile der Pflanze bekannt. An der Unterseite der kriechenden Rhizome entsprangen verzweigte und von einem Leitbündel durchzogene Wurzeln. Die bisweilen in kandelaberartiger Weise verzweigten Sprosse waren rundlich und in jungem Zustand wie ein Farnwedel eingerollt. Charakteristisch sind die seitlich (lateral) entspringenden Einzelsporangien, die am Ende der Triebe zu ährenförmigen Ständen vereinigt waren. Die Art ist neuerdings von den anderen Taenio-

Zosterophyllum PENHALLOW

Von dieser Gattung ist *Z. rhenanum* die bei weitem häufigste Art im Rheinland und sowohl im Siegen wie im Ems verbreitet. Die beiden anderen Arten erscheinen erst im Ems. Auch in China hat diese Gattung im Ems ihre Hauptverbreitung. Deshalb ist es nicht richtig, die Zeit vom Beginn des Unterdevons bis zum Mittleren Siegen als die eigentliche *Zosterophyllum*-Zeit zu bezeichnen, wie es derzeit in Amerika geschieht. Alle Arten dürften wohl reichlich H- oder K-förmig verzweigte Rhizome gehabt haben, aus denen sehr viele schwach und gabelig verzweigte, nackte Sprosse mit ährenförmigen Sporangienständen hervorgingen. Die Sporangien sind verhältnismäßig groß, von nierenförmiger Gestalt und mit einer quer verlaufenden Öffnungsnaht (Dehiszenz) versehen. Sie können entweder schraubig oder zweizeilig angeordnet sein.

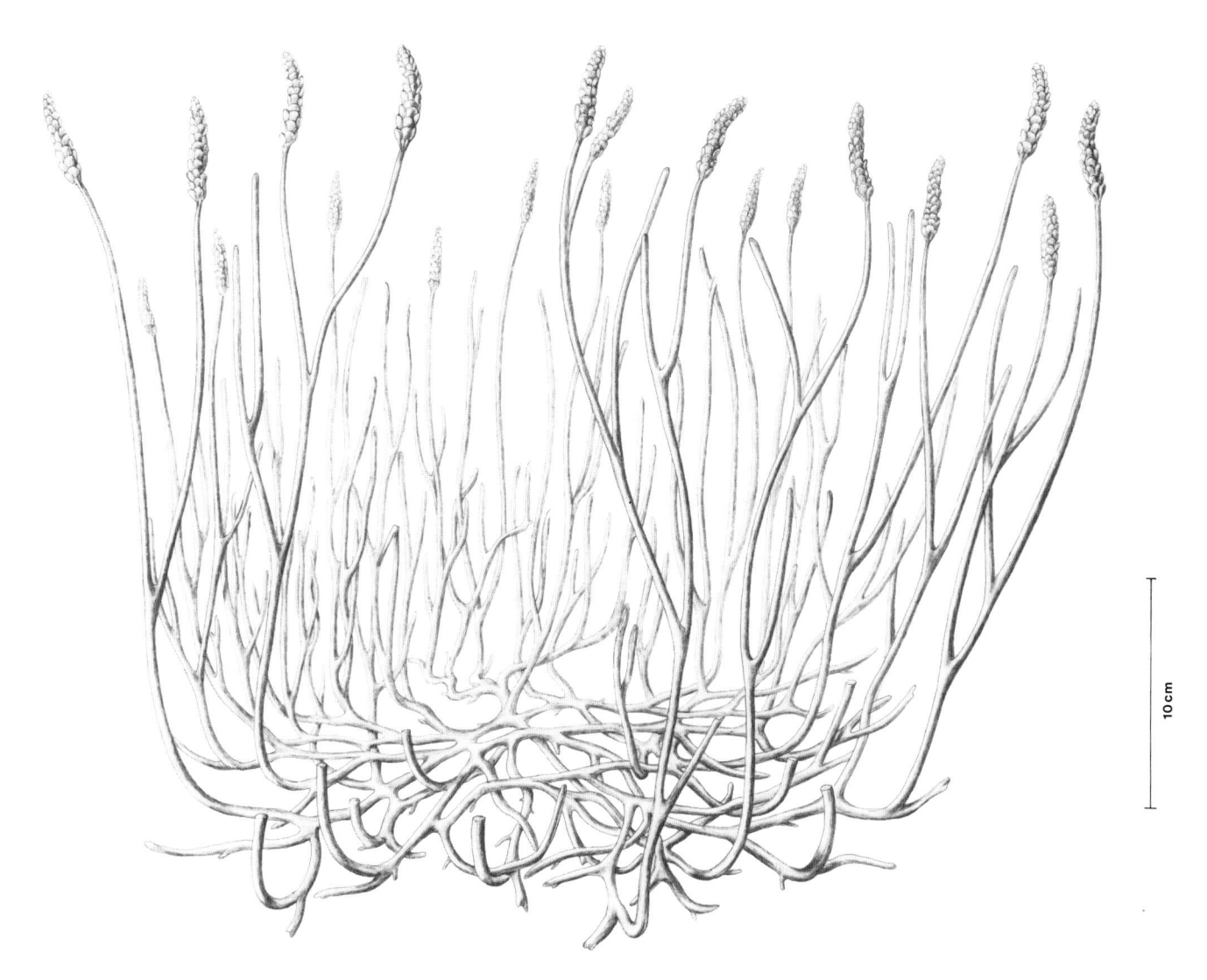

Abb. 24. *Zosterophyllum rhenanum* KRÄUSEL & WEYLAND. Von dieser Pflanze sind nicht nur alle Teile, sondern auch nahezu alle Stadien des Generationswechsels bekannt. Deshalb läßt sich der ehemalige Habitus leicht rekonstruieren. Die Sporangien sind groß und schraubig gestellt.

Abb. 25. *Zosterophyllum fertile* LECLERCQ ist eine außerordentlich seltene Art mit schraubig angeordneten Sporangien. Sie sind viel kleiner als die von *Z. rhenanum* und bilden eine lange Ähre. - Unt. Unterems. - Hoffeld (Eifel).

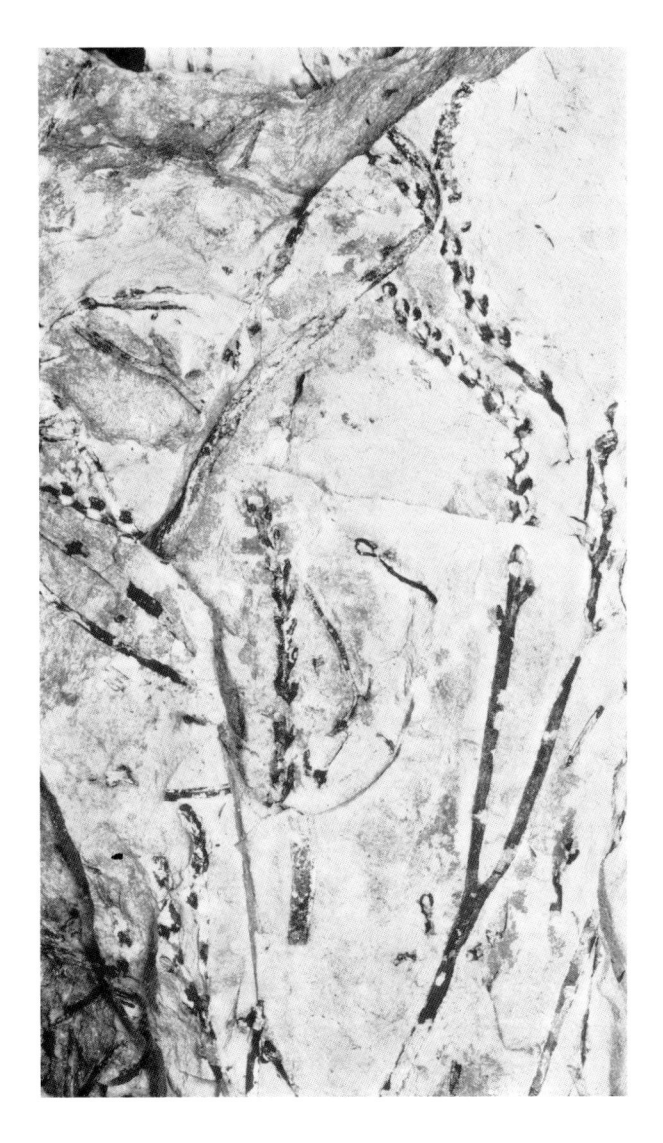

Abb. 26 (links), 27 (rechts). *Zosterophyllum spectabile* SCHWEITZER, die schönste Art der Gattung im Rheinischen Unterdevon, ist nur von einem einzigen Fundort bekannt. Bei ihr stehen die Sporangien nicht schraubig, sondern sind zweizeilig angeordnet. Sehr gut ist die Dehiszenz zu erkennen, an der die Sporangien aufsprangen. - Unt. Unterems. - Herfterath (Bergisches Land).

Distichophytum MÄGDEFRAU

Diese Gattung ist *Zosterophyllum* recht ähnlich, doch bilden die Sporangienstände einseitswendige Ähren mit zweizeilig angeordneten Sporangien. Identisch ist die aus dem amerikanischen Unterdevon beschriebene Gattung *Rebuchia*, ein Name, der als jüngeres Synonym jedoch ungültig ist.

Gosslingia HEARD

Von der im Unterdevon von Wales recht verbreiteten Gattung *Gosslingia* sind auf dem europäischen Festland bisher nur wenige Reste aus dem Rheinland und aus Belgien nachgewiesen worden. Die Arten sind stärker verzweigt als die anderen kleineren Zosterophyllen und tragen die Sporangien wie aufgereihte Perlen an der Unterseite der Äste.

Abb. 28 (unten). *Sciadophyton laxum* (DAWSON) KRÄUSEL & WEYLAND, Gametophyten von Psilophyten (z.B. *Zosterophyllum rhenanum*).

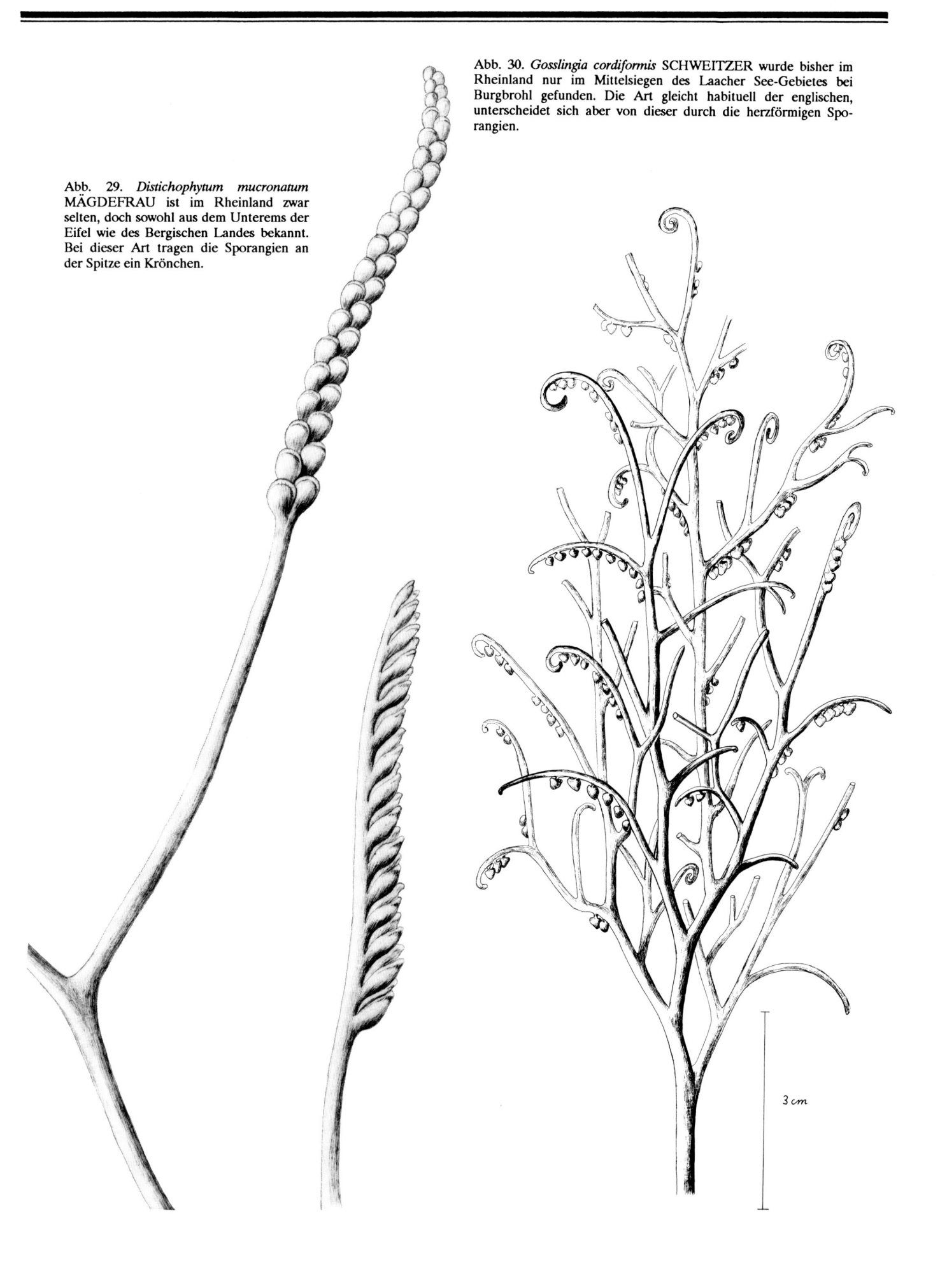

Abb. 29. *Distichophytum mucronatum* MÄGDEFRAU ist im Rheinland zwar selten, doch sowohl aus dem Unterems der Eifel wie des Bergischen Landes bekannt. Bei dieser Art tragen die Sporangien an der Spitze ein Krönchen.

Abb. 30. *Gosslingia cordiformis* SCHWEITZER wurde bisher im Rheinland nur im Mittelsiegen des Laacher See-Gebietes bei Burgbrohl gefunden. Die Art gleicht habituell der englischen, unterscheidet sich aber von dieser durch die herzförmigen Sporangien.

Höher entwickelte Zosterophyllen
(Vitrine 7)

Neben den kleinen, mehr binsenartigen Zosterophyllen kommen im Rheinischen Unterdevon auch größere, reich verzweigte Formen mit ausgeprägter Hauptachse vor. Diese ist dadurch entstanden, daß in alternierender Folge ein Seitenast über den anderen dominiert und ihn dadurch übergipfelt.

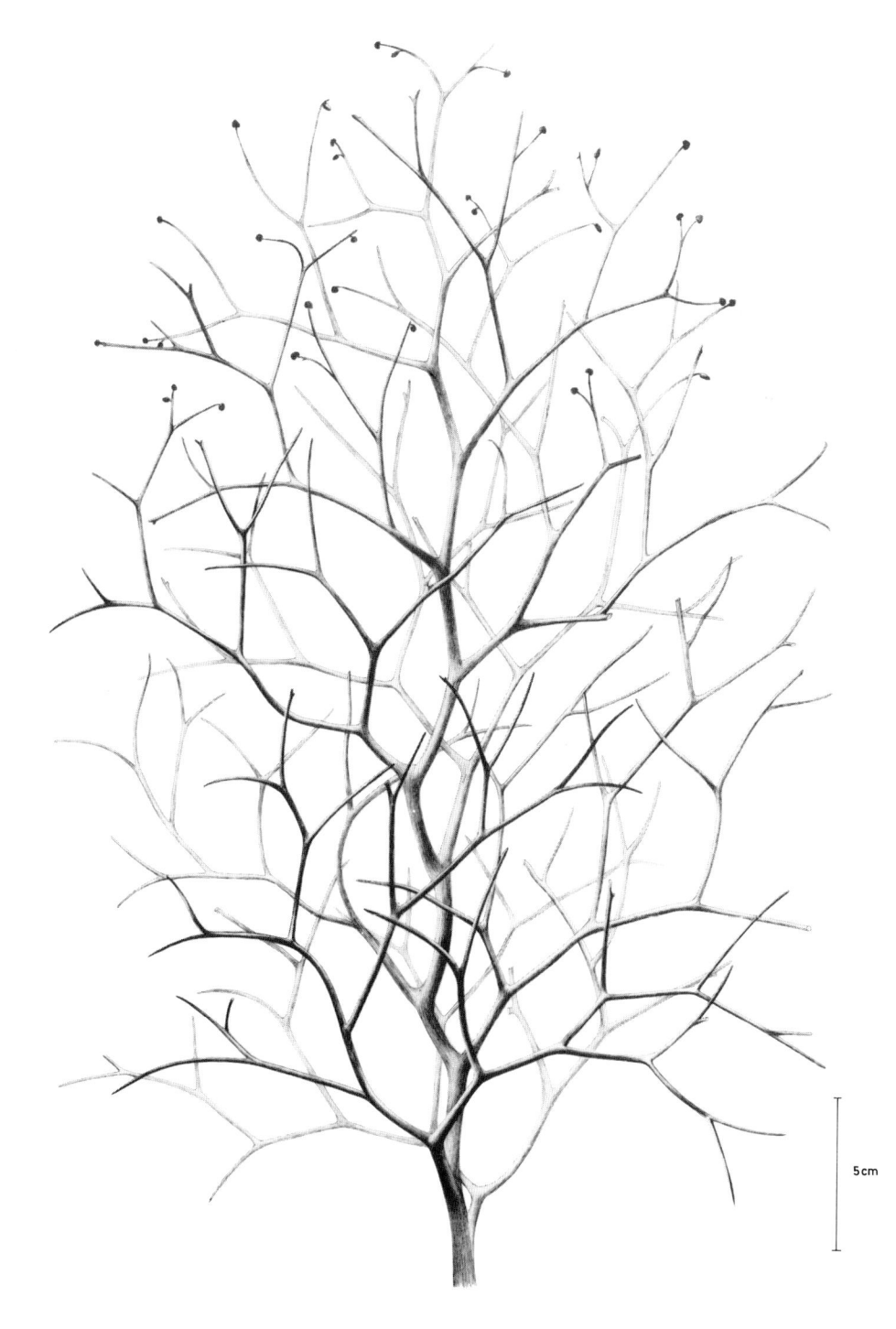

Abb. 31 (links). *Renalia graberti* SCHWEITZER ist die kräftigste der drei bekannten *Renalia*-Arten. Sie läßt auch den pseudomonopodialen Verzweigungsmodus mit der zickzack-förmig verlaufenden Hauptachse am besten erkennen.

Abb. 32 (linke Seite), 33 (unten). *Sawdonia ornata* HUEBER ist besonders im Obersiegen des Wahnbachtales verbreitet. Hier wurden auch H-förmig verzweigte Rhizome gefunden, die in Verbindung mit Luftsprossen standen und somit eine vollständige Rekonstruktion erlaubten. Im Rheinland ist die Art selten, aber aus Nordamerika, besonders von der Gaspé-Halbinsel in Ostkanada, und aus Großbritanien liegen zahlreiche Stücke vor. - Abb. 32. zeigt die blattartigen Emergenzen. - Abb. 33. Rekonstuktion der Pflanze.

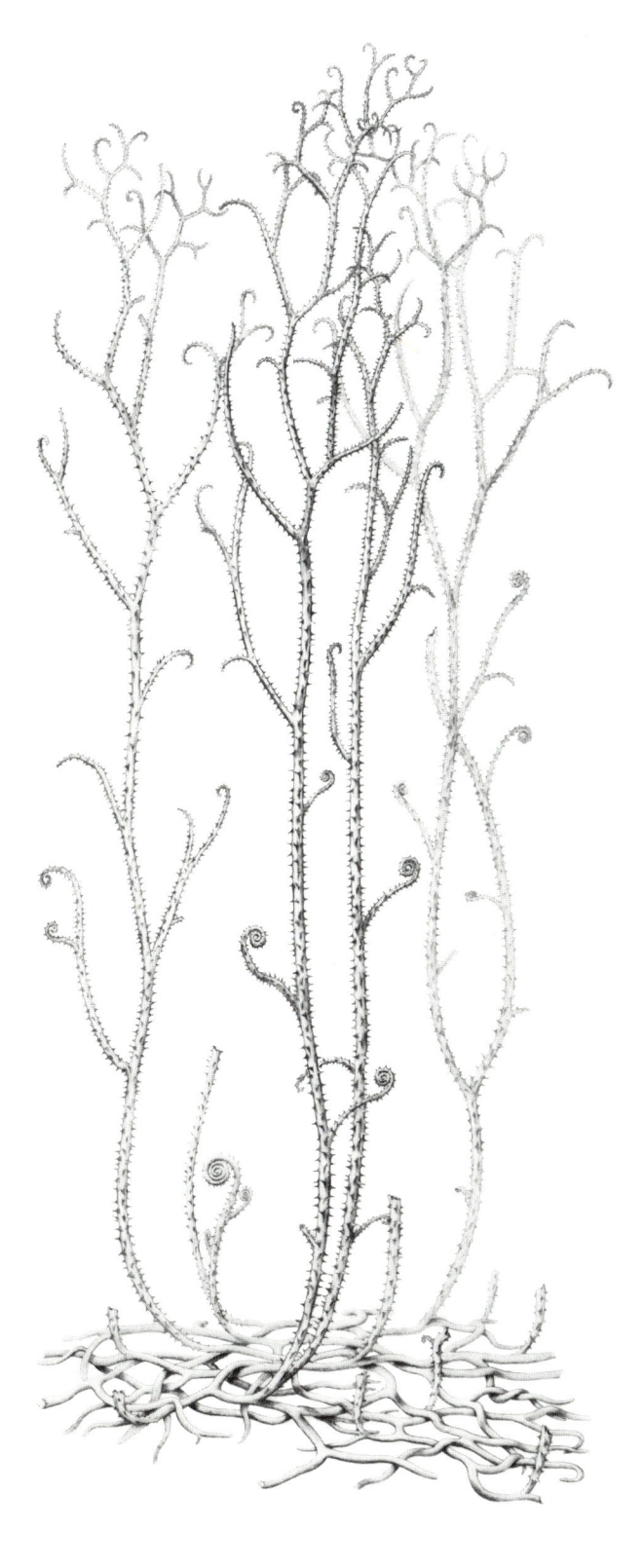

Abb. 34. *Sawdonia spinosissima* SCHWEITZER ist bisher nur im oberen Unterems bei Waxweiler (Eifel) festgestellt worden. Sie ist die am reichsten verzweigte und am dichtesten bestachelte Art der Gattung. Die Rekonstruktion und das in Abb. 35 dargestellte Bruchstück lassen diese Merkmale gut erkennen.

Den hieraus resultierenden Verzweigungstyp bezeichnet man als pseudomonopodial. Aus ihm geht durch weitere Reduktion der Seitenäste und damit automatisch verbundener Verstärkung der Hauptachse die monopodiale Wuchsform hervor, wie sie z.B. bei Tanne und Fichte ausgeprägt ist.

Ährenförmige Sporangienstände sind bei diesen großen Zosterophyllen nicht vorhanden. Die Sporangien entspringen einzeln, entweder am Ende der Triebe (terminal) oder seitlich (lateral).

Renalia GENSEL

Die Gattung ist ungefähr zur gleichen Zeit in Nordamerika und im Rheinland entdeckt, aber von dort zuerst beschrieben worden. Sie umfaßt pseudomonopodial aufgebaute Pflanzen mit nackten, mitunter ziemlich sparrig verzweigten Sprossen. Die nierenförmigen Sporangien sind bei den drei bisher bekannten Arten in unterschiedlicher Weise inseriert und zeigen - wie die Taeniocraden - in sehr instruktiver Weise, wie die laterale aus der terminalen Stellung hervorgegangen ist. Bei *R. graberti* aus dem Rheinland stehen die Sporangien terminal (Abb. 31), bei *R. hueberi* aus Nordamerika am Ende kleiner lateraler Zweigsysteme und bei der wiederum aus dem Rheinland stammenden *R. major* einzeln an kurzen, lateral entspringenden Stielen. Die gleichen Übergänge zwischen terminaler und lateraler Anordnung kann man auch bei vielen anderen fossilen und rezenten Pflanzengattungen beobachten, zum Beispiel bei der Nelkengattung *Silene*. Dies ist ein allgemeiner stammesgeschichtlicher Vorgang. Daran ändert sich auch nichts, wenn die Gattung *Renalia* - wie von anderen Autoren vorgeschlagen - aufgespalten würde.

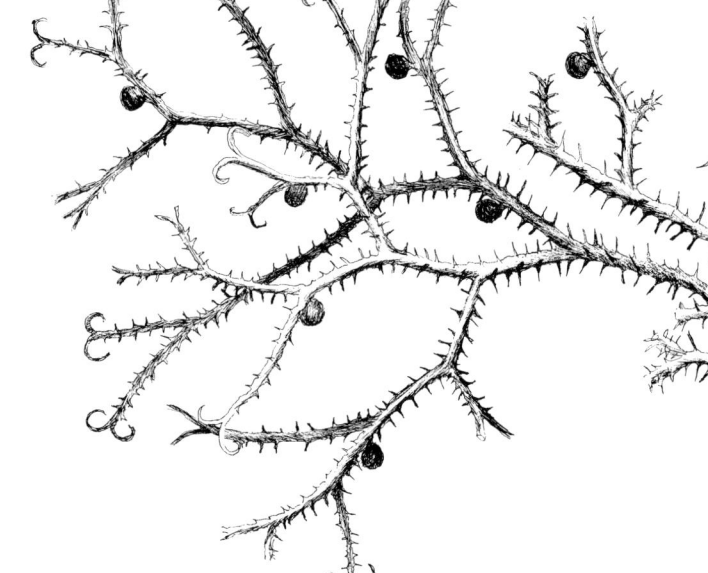

Sawdonia HUEBER

Die Gattung *Sawdonia* spielt für die Ableitung der Bärlappgewächse eine große Rolle. Die meisten Arten sind bestachelt. Die Stacheln sind jedoch lediglich lang ausgewachsene Epidermiszellen (Emergenzen), die keinerlei Kontakt mit dem im Stengel hochziehenden Leitbündel haben. Bei der Gattung *Asteroxylon* (Vitrine 10) ähneln die Emergenzen stärker einem Blatt. Zudem laufen vom Leitbündel des Sprosses dünne Leitstränge auf sie zu, ohne in sie einzumünden. Bei *Drepanophycus* (Vitrine 8) werden dagegen auch die Seitenorgane von Leitbündeln durchzogen. Auf diese Weise kann aus einer Emergenz ein echtes, freilich sehr kleines, dornenförmiges Blatt geworden sein, wie es für die Bärlappe typisch ist.

Abb. 35. *Sawdonia spinosissima* SCHWEITZER aus dem oberen Unterems von Waxweiler (Eifel); Zweig mit Sporangien.

Aber die Bärlappblätter müssen nicht notwendigerweise so entstanden sein. Wahrscheinlicher ist, daß sie aus der Reduktion kleiner lateraler Zweigsysteme hervorgegangen sind.

Im Rheinland kommen zwei *Sawdonia*-Arten vor, die auch aus Nordamerika bekannte *S. ornata* (Abb. 33) und die erst kürzlich entdeckte *S. spinosissima* (Abb. 34).

Höchstentwickelte Zosterophyllen, älteste Bärlappe und fragliche Schachtelhalme
(Vitrine 8)

Drepanophycus und die Bärlappgewächse

Gemeinsam mit *Baragwanathia* wurde und wird die Gattung *Drepanophycus* zu den ältesten Bärlappgewächsen gestellt. Das entscheidende Kriterium

Abb. 36 (unten). An der Sproßachse entspringendes, gestieltes Sporangium von *Drepanophycus spinaeformis* GÖPPERT.

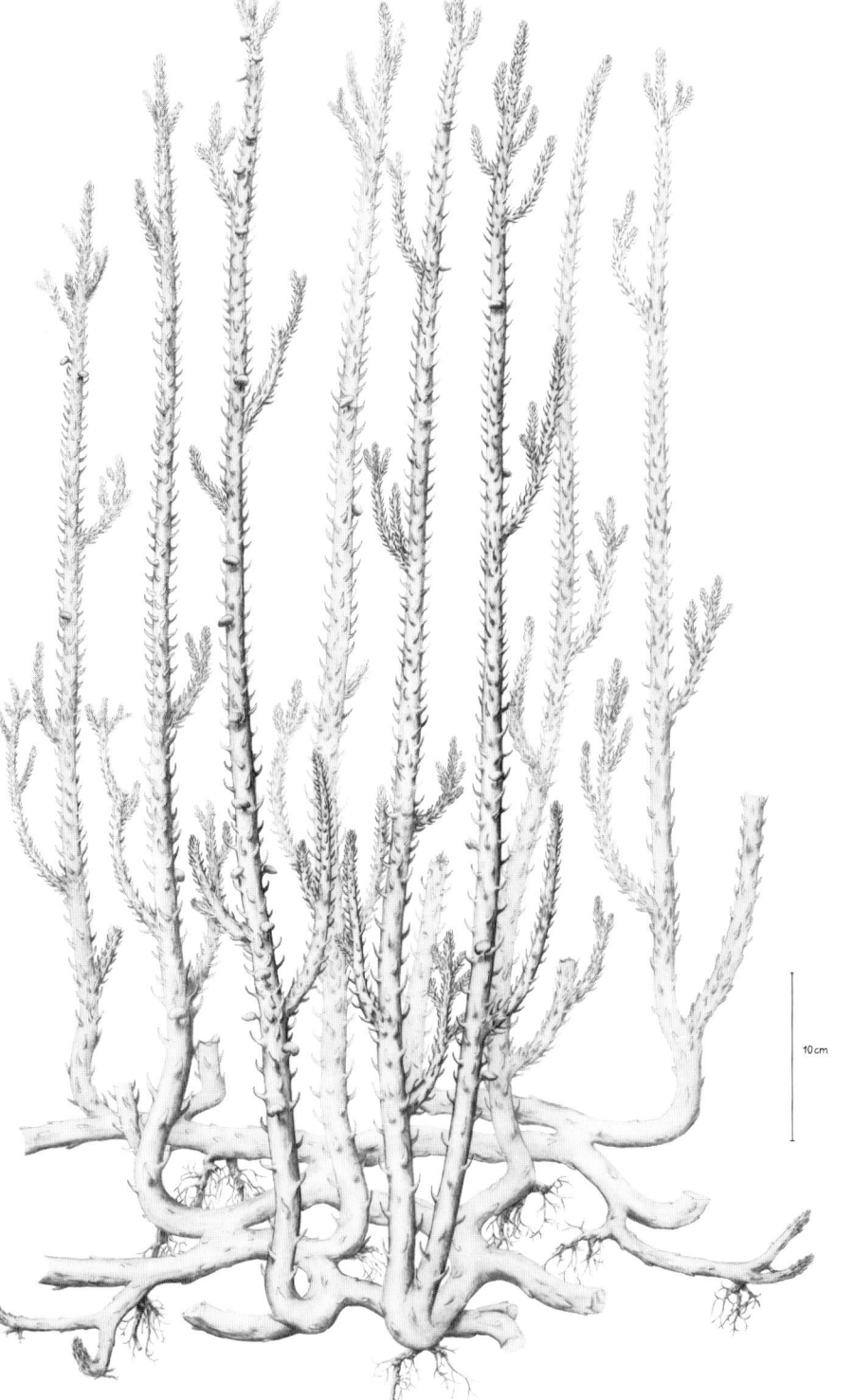

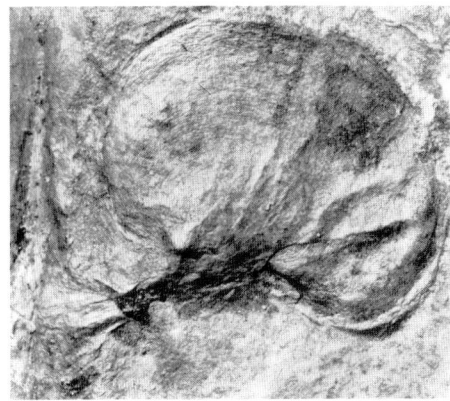

Abb. 37. *Drepanophycus spinaeformis* GÖPPERT wurde schon 1859 beschrieben und ist eine Charakterpflanze des Rheinischen Unterdevons. Im Wahnbachtal sind einige Exemplare in Lebensstellung eingebettet worden, so daß eine vollständige Rekonstruktion möglich ist.

dafür war die Insertion der Sporangien. Sie sollten im Gegensatz zu denen der Zosterophyllen nicht lateral an den Sproßachsen, sondern wie bei den Bärlappen auf den Blättern entspringen. Das hat sich aber zumindest bei *Drepanophycus* als Fehldeutung erwiesen (bei *Baragwanathia* ist die Insertion der Sporangien noch unbekannt). Auch die Verzweigung der Rhizome ist anders als früher vermutet und entspricht ganz der der Zosterophyllen (H- oder K-förmig). Deshalb kann man die Gattung wohl eher als Endglied der von *Sawdonia* ausgehenden und über *Asteroxylon* führenden Reihe innerhalb der Zosterophyllen betrachten, als bereits zu den Bärlappgewächsen gehörig.

Als erstes echtes Bärlappgewächs wird hier die Gattung *Estinnophyton* angesehen. Bei ihr sind die Seitenorgane kleine Achsensysteme mit 4 lang ausgezogenen Zipfeln und mindestens 2 gestielten Sporangien. Im Verlaufe der Erdgeschichte werden die Zipfel immer stärker reduziert. Sie verwachsen miteinander zu einem einheitlichen Blatt, auf dem nur noch ein Sporangium entspringt. *Estinnophyton* ist früher zu *Protolepidodendron* gestellt worden, einer im Mitteldevon weit verbreiteten Gattung.

Abb. 38. *Estinnophyton (Protolepidodendron) wahnbachense* (KRÄUSEL & WEYLAND) FAIRON-DEMARET ist ein echtes Bärlappgewächs. Die Seitenorgane sind kleine Achsensysteme mit 4 lang ausgezogenen Zipfeln und mindestens 2 gestielten Sporangien. Die Gattung ist erst vor kurzem aufgestellt worden. Sie soll zwei Arten umfassen, eine aus dem Wahnbachtal und eine aus dem belgischen Unterdevon. In Wirklichkeit sind aber beide identisch.

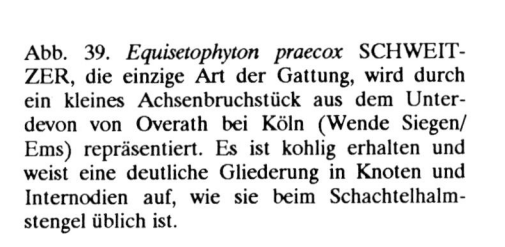

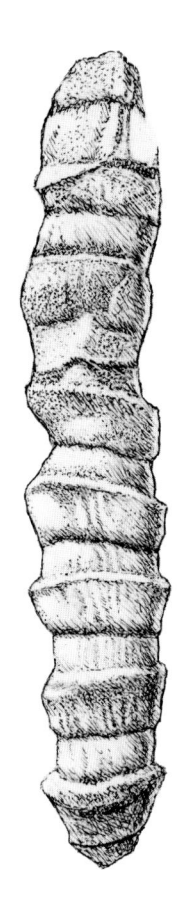

Abb. 39. *Equisetophyton praecox* SCHWEITZER, die einzige Art der Gattung, wird durch ein kleines Achsenbruchstück aus dem Unterdevon von Overath bei Köln (Wende Siegen/Ems) repräsentiert. Es ist kohlig erhalten und weist eine deutliche Gliederung in Knoten und Internodien auf, wie sie beim Schachtelhalmstengel üblich ist.

Schachtelhalmgewächse

Im Gegensatz zu den Bärlappen und Farnen liegen von den Schachtelhalmgewächsen weder aus dem Unter- noch aus dem Mitteldevon zweifelsfreie Belege vor. Das gilt auch für die Gattung *Equisetophyton*.

Übergang zu den Altfarnen am Beispiel von *Psilophyton* und *Tursuidea*
(Vitrine 9)

Die Gattung *Psilophyton* vermittelt zwischen Psilophyten und Farnen. Bei den primitiveren Formen wie dem ausgestellten *P. burnotense* ist noch der pseudomonopodiale Verzweigungstyp wie bei *Sawdonia* vorhanden, höher entwickelte zeigen aber auch schon Anklänge an die sog. trifurkate Verzweigungsform der Altfarne (Coenopteriden).
Tursuidea ist ein solcher Altfarn. An der schon stärker gestreckten Hauptachse entspringt jeweils (um 180° alternierend) nur ein Seitenast. Da sich dieser aber unmittelbar nach seinem Abgang gabelt, hat es den Anschein, als würden zwei Äste von der Hauptachse abgehen. Diesen Verzweigungstyp bezeichnet man als trifurkat, weil insgesamt drei Achsen - die Hauptachse und die beiden entstandenen Seitenäste - vorhanden sind. Er ist der am weitesten verbreitete Verzweigungsmodus bei den unter-, mittel- und oberdevonischen Altfarnen.
Die Sporangien werden bei *Psilophyton* und den Altfarnen am Ende kleiner terminaler oder lateraler Zweigsysteme ausgebildet. Die Dehiszenz (Öffnungsnaht) verläuft nicht wie bei den Zosterophyllen quer über die Sporangien hinweg, sondern in Längsrichtung.

Psilophyton DAWSON

Die namengebende Gattung für die Psilophyten ist schon seit 1859 bekannt und war in mehreren Arten über die ganze Nordhalbkugel verbreitet. Sie erscheint bereits im Obersiegen; der Schwerpunkt der Verbreitung liegt aber im Ems. Wahrscheinlich gehen einige Arten sogar noch in das Mitteldevon hinein. Da aber keine fruktifizierenden Exemplare vorliegen und manche *Psilophyton*-Arten habituell nicht von der Gattung *Sawdonia* zu unterscheiden sind, ist keine sichere Aussage möglich.

Abb. 40. *Psilophyton burnotense* (GILKINET) KRÄUSEL & WEYLAND ist mit dem später beschriebenen *P. goldschmidtii* aus Norwegen identisch. Es ist im Obersiegen und Unterems des Rheinlandes nicht selten. Dennoch sind die basalen und fertilen Teile erst in den letzten Jahren gefunden worden.

Abb. 41. *Psilophyton arcuatum* (HALLE) SCHWEITZER, das zuerst aus Norwegen bekannt geworden ist, hat sich im Rheinland als bestes pflanzliches Leitfossil für das Unterems erwiesen. Vor einigen Jahren wurde es auch in Nordamerika entdeckt, jedoch unter dem Namen *Psilophyton forbesii* beschrieben.

Tursuidea SCHWEITZER

Die bisher monotypische Gattung mit der Art *T. paniculata* ist erst vor kurzem im Unterems der Eifel bei Jünkerath entdeckt worden. Der Verzweigungsmodus ist durchweg trifurkat - selbst bei den rispigen Sporangienständen. 1989 sind weitere sterile und fertile Reste dieser Art an anderen Stellen in der Eifel gefunden worden. Ein Teil der Sproßachsen ist dicht mit Haaren besetzt.

Abb. 42. *Tursuidea paniculata* SCHWEITZER, Rekonstruktion des trifurkaten Verzweigungssystems.

Abb. 43. Untermeerische Flora des höheren Unterems bei Waxweiler (Eifel).

Sehr schwierig ist es, auf engem Raum die Pflanzenwelt eines allmählich abfallenden Meeresufers unterzubringen. Das Bild entspricht deshalb nicht den natürlichen Verhältnissen sondern zeigt ein stark überhöhtes Profil. Dargestellt sind Pflanzen und Tiere, die in der im Blockbild (Abb. 3) wiedergegebenen Wattablagerung auftraten.

Links ist die im Gezeitenbereich bis zu einer Wassertiefe von schätzungsweise 5 m gedeihende *Taeniocrada dubia* (Vitrine 5) veranschaulicht. Sie hat nicht nur bei Waxweiler sondern auch auf der Hunsrückinsel (vergl. Abb. 10) Massenbestände gebildet, so daß ganze Gesteinslagen mit ihren Sprossen erfüllt sind. Im Gezeitenbereich lebten auch zahlreiche Tiere, vor allem die Muschel *Modiolopsis ekpempusa* (links unten) und Eurypteriden (Mitte), krebsartige Spinnentiere, deren Fährten die bei Ebbe trockenfallenden Watten kreuz und quer durchzogen und sehr instruktive Spurenfossilien abgeben (Vitrine 1).

Auf der Wende zwischen Gezeitenzone und Subtidal befand sich der Lebensraum von *Buthotrephis rebskei*, einer bei Waxweiler in autochthonen Rasen eingebetteten Alge (rechts unten, vergl. Abb. 19 und Vitrine 3). Über ihr schwimmen Panzerfische (*Pteraspis dunensis*). Im Hintergrund des Bildes fluten in und auf dem Wasser die peitschenförmigen, sich wiederholt gabelnden Cauloide der baumförmigen Alge *Prototaxites hefteri* (vergl. Abb. 17 und Vitrine 3), einem Bewohner des tieferen Subtidals.

Abb. 44. Lebensbild der Flora des Obersiegens im Wahnbachtal bei Siegburg.

Bei der Rekonstruktion fossiler Pflanzengemeinschaften muß man sich auf einen eng begrenzten Raum und auf gleichalte Schichten beschränken, um keine fossilen "botanischen Gärten" entstehen zu lassen. Die hier dargestellten Pflanzen sind alle in ein und demselben Horizont an der Münchshecke im unteren Wahnbachtal gefunden worden.

Die unterdevonischen Pflanzen, vor allem die zu den Psilophyten gehörenden Arten, hatten nur ein sehr dünnes, wahrscheinlich noch wenig leistungsfähiges Leitbündel und waren deshalb in viel höherem Maße vom Oberflächenwasser abhängig als heutige Landpflanzen. 1988 haben SPECK & VOGELLEHNER errechnet, daß die Psilophyten in erster Linie vom Turgordruck, dem osmotischen Druck in den Zellen, aufrecht erhalten wurden. Das setzt sehr feuchte Biotope voraus, und es ist anzunehmen, daß alle Arten - zumindest mit ihren basalen Teilen - im Wasser gestanden haben.

Von den reichhaltigeren unterdevonischen Pflanzenfundstellen im Rheinland hat das Wahnbachtal dem Old Red Kontinent am nächsten gelegen und weist daher einen stärkeren limnischen Einfluß (Süßwassereinfluß) auf als die Fundorte im Moselgebiet und in der Eifel. Aber immer wieder ist auch hier das Meer vorgedrungen, so daß man zwischen den Pflanzenresten marine oder brackische tierische Fossilien, vor allem die zu den Brachiopoden gehörenden Rhenorensselaerien und Linguliden findet.

Im Vordergrund des Bildes sehen wir einen Bestand des binsenartig wachsenden *Zosterophyllum rhenanum*, dazwischen seine sternartigen Gametophyten (*Sciadophyton*). Auch das einzige echte Bärlappgewächs des Rheinischen Unterdevons, *Estinnophyton (Protolepidodendron) wahnbachense* kommt im Wahnbachtal hauptsächlich mit *Z. rhenanum* vor, ist allerdings viel seltener. Daher ist nur eine einzige Pflanze dargestellt worden. Rechts erheben sich die Luftsprosse von *Drepanophycus spinaeformis* aus ihren H- oder K-förmig kriechenden Rhizomen. An der Münchshecke wurde eine Pflanze mit aufrechten, durch zwei Schichtflächen hindurchgehenden Sprossen gefunden, so daß *Drepanophycus* eine Höhe bis zu 1 m erreicht haben dürfte. Aber wahrscheinlich hat er tiefer im Wasser gestanden als hier dargestellt. Im Hintergrund erkennt man die schilfartigen Bestände von *Stockmansella (Taeniocrada) langi*i und einige Pflanzen von *Sawdonia ornata*.

Die Mitteldevonflora des Rheinlandes

(Vitrine 10)

Im Mitteldevon hatte sich die Küstenlinie des Rheinischen Devonmeeres nach Nordwesten verlagert, und es herrschten im Bereich des Schiefergebirges fast überall vollmarine Bedingungen. Diese Entwicklung hatte sich bereits im höheren Ems angekündigt. Seine höchsten Schichtglieder, die Hohenhof- und Heisdorf-Schichten, weisen mit Mergeln bzw. Korallen- und Seelilien-Kalken bereits die typische Mitteldevon-Fazies auf. Während des Unteren Mitteldevons, der Eifel-Stufe, setzte sich die Ablagerung von gebankten und bituminösen, mergeligen Kalken sowie von plattigen Kalksandsteinen zunächst fort. Danach kamen wieder stärker terrestrische Einflüsse zur Geltung, was sich in der zunehmenden Sedimentation klastischer Ablagerungen (Sandsteine, Grauwacken) bemerkbar macht.

Vor allem im Venngebiet bei Goé an der deutsch-belgischen Grenze und im Bergischen Land waren die litoralen Verhältnisse, die während des Unterdevons vorherrschten, weitgehend bestehen geblieben. Hier ragten größere Inseln als Schwellen aus dem Meer heraus, umgeben von Flachwasserbereichen. Schon ein geringes Absinken des Meeresspiegels oder eine verstärkte Sedimentzufuhr bewirkten ein Auftauchen niedriger Landstriche. Diese wurden im Bergischen Land die vorherrschenden Wuchsorte der Pflanzen. Wiederholte Überflutungen sorgten für eine rasche Einbettung, so daß die Pflanzenreste stellenweise in großen Mengen auftreten. Besonders bekannt geworden sind die Fundstellen von Elberfeld und Lindlar, wo tausende von ihnen aus nächster Nähe zusammengeschwemmt wurden und daher oft große Bruchstücke zu Tage kamen. Sicherlich haben die bei Goé und im Bergischen Land entdeckten Pflanzenfossilien den größten Beitrag zur Kenntnis der Mitteldevon-Floren überhaupt geliefert.

Schon zu Beginn der 20er Jahre hatte HERMANN WEYLAND in unermüdlicher Tätigkeit eine umfangreiche Sammlung von Pflanzenresten aus Elberfeld zusammengetragen und sie RICHARD KRÄUSEL

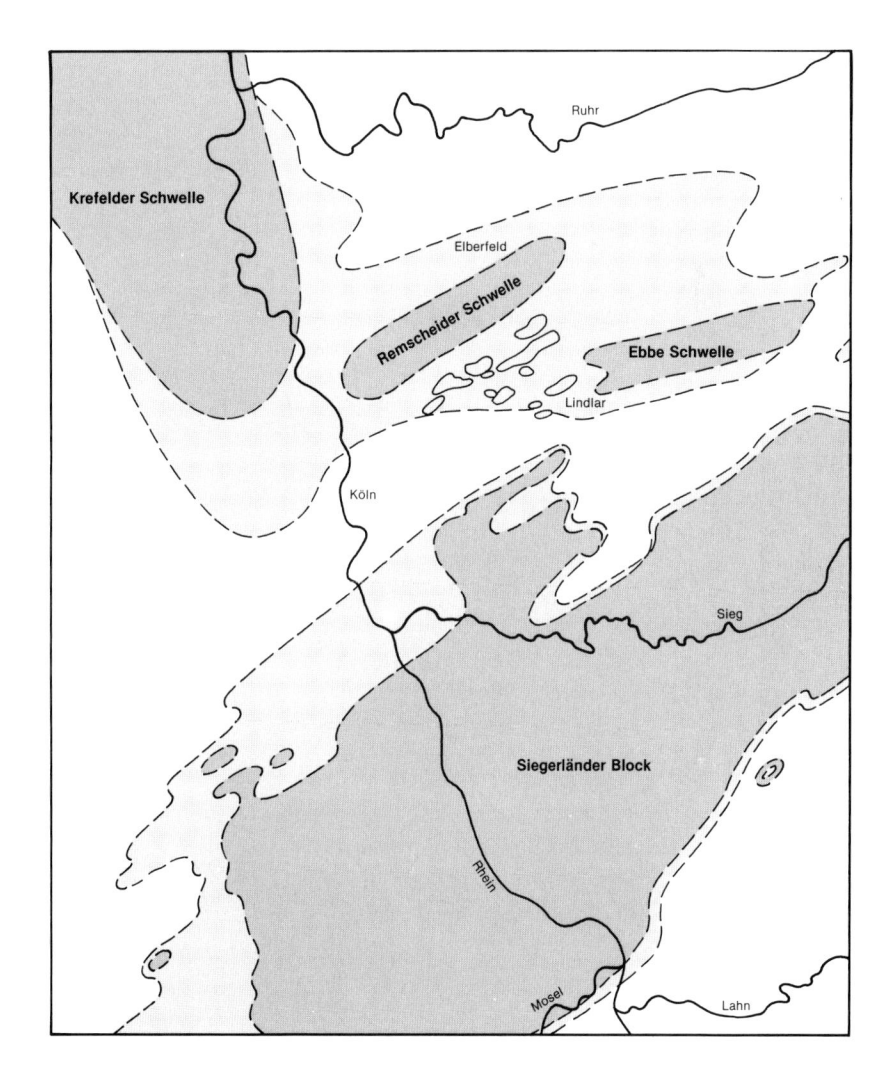

Abb. 45. Paläogeographie des Mittleren Mitteldevons im Bergischen Land.

zur gemeinsamen Bearbeitung angeboten. Dadurch entstanden eine bis zum Tode KRÄUSELs im Jahr 1966 während Freundschaft und eine überaus fruchtbare wissenschaftliche Zusammenarbeit, die den Weltruhm der beiden Forscher begründete. Leider fiel die über 25 Jahre hindurch vervollständigte Sammlung den letzten Kriegswirren zum Opfer.

Die ergiebigsten Fundstellen im Bergischen Land befinden sich in tonigen Sandsteinen und Schiefern der höheren Eifel- und der tieferen Givet-Stufe. Im höheren Givet und im untersten Oberdevon gliederte sich der Ablagerungsraum in Senken und Schwellen, so daß auch jetzt noch klastische Sedimente abgelagert wurden. Merkwürdigerweise führen sie aber so gut wie keine Pflanzenreste. Die wenigen bisher gefundenen Fossilien stammen vielmehr aus karbonatischen Gesteinen, wie den Plattenkalken von Oos in der Eifel und von Bergisch-Gladbach.

Im Mitteldevon sind kaum noch Psilophyten vorhanden. An ihre Stelle sind echte Bärlappe und Farne getreten, während von den Schachtelhalmen immer noch ein sicherer Nachweis fehlt. Die als Vorläufer der Schachtelhalmgewächse angesehenen Gattungen *Hyenia* und *Calamophyton* haben sich als veritable Farne aus der Ordnung der Cladoxylales entpuppt.

Von den genannten Fundorten Lindlar und Elberfeld stammen alle ausgestellten Stücke.

Die Vervollkommnung der Wasserleitsysteme war im Mitteldevon bereits so weit fortgeschritten, daß neben krautigen auch baumförmige Pflanzen entstehen konnten, die den Floren einen ganz neuen Aspekt verliehen. Die Vertreter der Gattungen *Duisbergia* und *Calamophyton* aus dem rheinischen Mitteldevon erreichten nur eine Höhe zwischen 2 und 3 Metern, während der nordamerikanische *Eospematopteris* mit einem Stammdurchmesser von mehr als einem halben Meter beträchtlich höher wurde.

Asteroxylon KIDSTON & LANG

Die Gattung steht stammesgeschichtlich zwischen *Sawdonia* (vgl. S.36, Vitrine 7) und *Drepano-*

Tab. 4. Gliederung des Mitteldevons und stratigraphische Verbreitung der bisher im Rheinland nachgewiesenen Arten des Mitteldevons und untersten Oberdevons.

OBERDEVON	Frasnium	*Callixylon schmidtii.* *Lycopodites oosensis, Archaeopteris* sp. *Angarodendron devonicum, Archaeopteris boyi.*
MITTELDEVON	Givetium	*Svalbardia polymorpha.* *Pectinophyton norvegicum, Asteroxylon elberfeldense, Protolepidodendron scharianum, Duisbergia mirabilis, Hyenia elegans, Calamophyton primaevum (= Cladoxylon scoparium), Protopteridium thomsonii, Aneurophyton germanicum.*
	Eifelium	*Prototaxites dechenianus, Platyphyllum fuellingii, Thamnocladus buddei, Asteroxylon elberfeldense, Lycopodites lindlarensis, Protolepidodendron scharianum, Duisbergia mirabilis, Hyenia elegans, Calamophyton primaevum, Protopteridium thomsonii, Tetraxylopteris schmidtii, Aneurophyton germanicum, A. pubescens, Brandenbergia meinerti, Weylandia rhenana.*

Abb. 46. *Asteroxylon elberfeldense* KRÄUSEL & WEYLAND. Die Pflanze trägt im unteren Teil an den Stengeln blattähnliche Emergenzen, auf die ein dünnes Leitbündel zuläuft, ohne in sie einzumünden. Dadurch nimmt die Gattung eine Zwischenstellung zwischen *Sawdonia*, die noch keine Blattspurstränge besitzt, und *Drepanophycus* ein, bei dem die Leitbündel bis in die Blätter hineinführen. (Zeichnung aus KRÄUSEL & WEYLAND 1926).

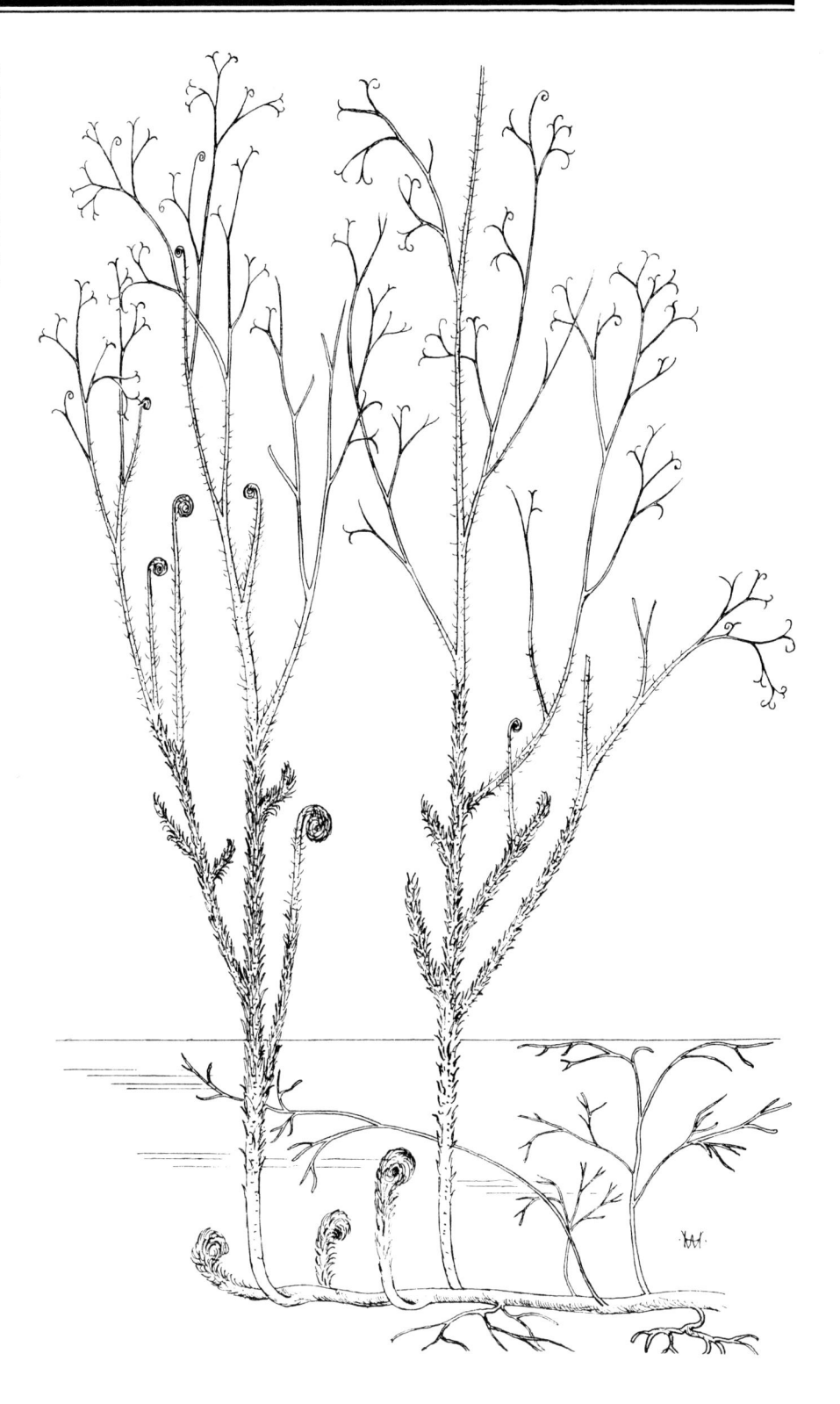

phycus (Vitrine 8). Auf die blattähnlichen Emergenzen läuft ein Leitbündel zu, ohne in sie einzumünden. Bei *Drepanophycus* wird daraus ein echtes Blatt. Die unteren Teile von *Asteroxylon* sind mit blattartigen Emergenzen besetzt, während die oberen nackt bleiben. Übergänge sind entgegen anderer Meinung von KRÄUSEL & WEYLAND definitiv nachgewiesen worden.

Duisbergia KRÄUSEL & WEYLAND

Duisbergia ist eine sehr rätselhafte Pflanze von umstrittener systematischer Stellung. KRÄUSEL & WEYLAND sowie SCHWEITZER halten sie wegen der in sehr deutlichen Längszeilen angeordneten Blätter und den von ihnen hinterlassenen Narben eher für ein Bärlappgewächs. Dagegen sehen sie

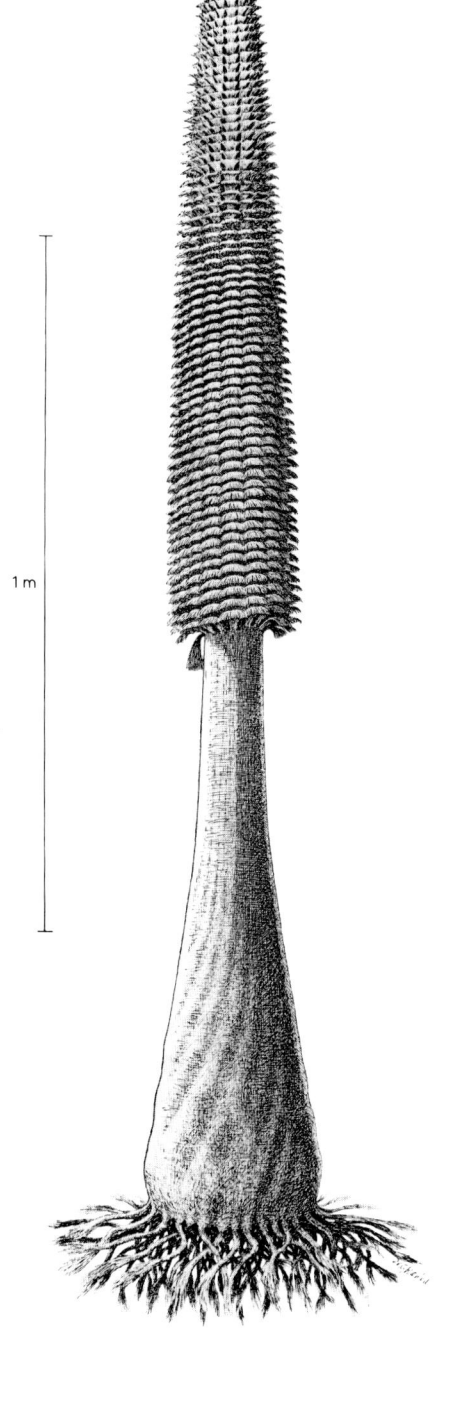

Abb. 47 (oben). *Duisbergia mirabilis* KRÄUSEL & WEYLAND, Abdruck eines unteren Stammabschnittes mit Eindrücken von zwei gegenläufig schräg aufwärts verlaufenden Leitbündelkreisen, die dem dickfleischigen Stamm Festigkeit verliehen haben. -Mitteldevon von Lindlar (Rheinland).

Abb. 48 (rechts). *Duisbergia mirabilis* KRÄUSEL & WEYLAND, Rekonstruktion. Die in Längszeilen angeordneten Blätter sprechen für eine Zuordnung zu den Bärlappgewächsen. Sporangien, die eine genaue Zuordnung ermöglichen würden, sind bisher jedoch nicht gefunden worden. - Der dickfleischige Bau des Stammes erinnert an Stammsukkulente und an karbonische Siegelbäume. An der Basis treten die Leitbündel aus dem Stamm heraus und gehen in Wurzeln über.

amerikanische Autoren im vielsteligen Bau eher eine Verwandtschaft zu den Farnen (Cladoxylales). Eine Klärung könnte nur durch eine Untersuchung der Sporangien erfolgen, doch sind diese noch unbekannt. Sehr merkwürdig ist auch der Verlauf der Leitbündel. Im unteren Teil des Stammes ziehen zwei gegenläufig zueinander gerichtete Kreise von Leitsträngen aufwärts, die sich später zu einem mehr oder weniger geschlossenen Ring vereinen. Dadurch wird mit geringem Aufwand eine große Festigkeit gegen Zug- und Druckspannung erzielt. Nahe der Stammbasis verzweigen sich die Leitstränge stärker, treten dann aus ihr heraus und werden zu Wurzeln. Das Gewebe zwischen den Leitsträngen läßt keine Strukturen erkennen. Man nimmt an, daß es fleischig gewesen ist.

Hyenia NATHORST und *Calamophyton* KRÄUSEL & WEYLAND

KRÄUSEL & WEYLAND haben diese beiden Gattungen als kleine, zu den Schachtelhalmen gehörende Pflanzen dargestellt. In Lindlar, wo weit über 10000 aus nächster Nähe zusammengeschwemmte Reste aufgefunden wurden, stellte sich heraus, daß diese Arten eine respektable Größe erreichten und zu den Farnen gehören. *Hyenia* hatte bis zu 4 cm stark werdende, kriechende Rhizome (Wurzelstöcke), die sich wiederholt gabelten und mehrere Meter lang wurden. An ihnen entsprangen wie bei rezenten Farnen in schraubiger Anordnung zahlreiche Luftsprosse. Diese verzweigten sich in ganz charakteristischer Weise hand- oder leierförmig.

Calamophyton war dagegen ein kleiner Baum von 2-3 m Höhe, bei dem sich die Äste in gleicher Weise wie bei *Hyenia* verzweigten. Bei unvollständiger Erhaltung können die Zweige daher nicht unterschieden werden.

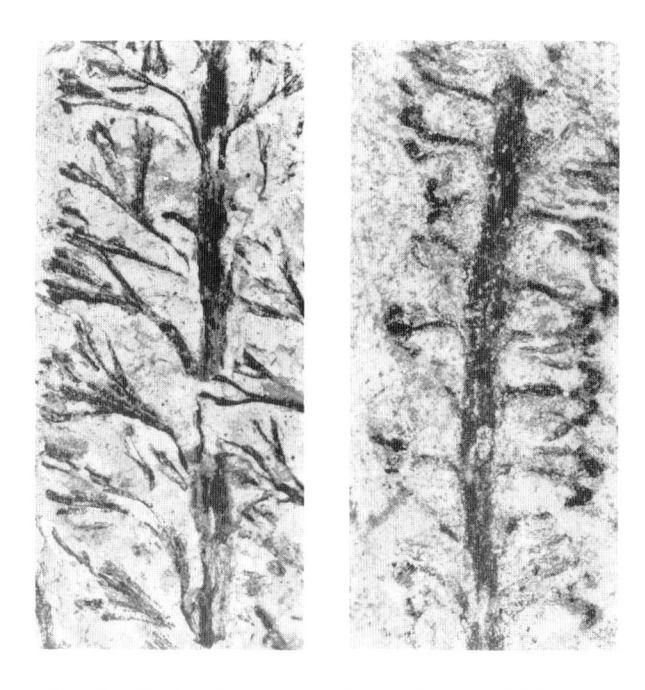

Abb. 50 (links), 51 (rechts). *Hyenia elegans* KRÄUSEL & WEYLAND, sterile und fertile Triebe. - Mitteldevon von Lindlar.

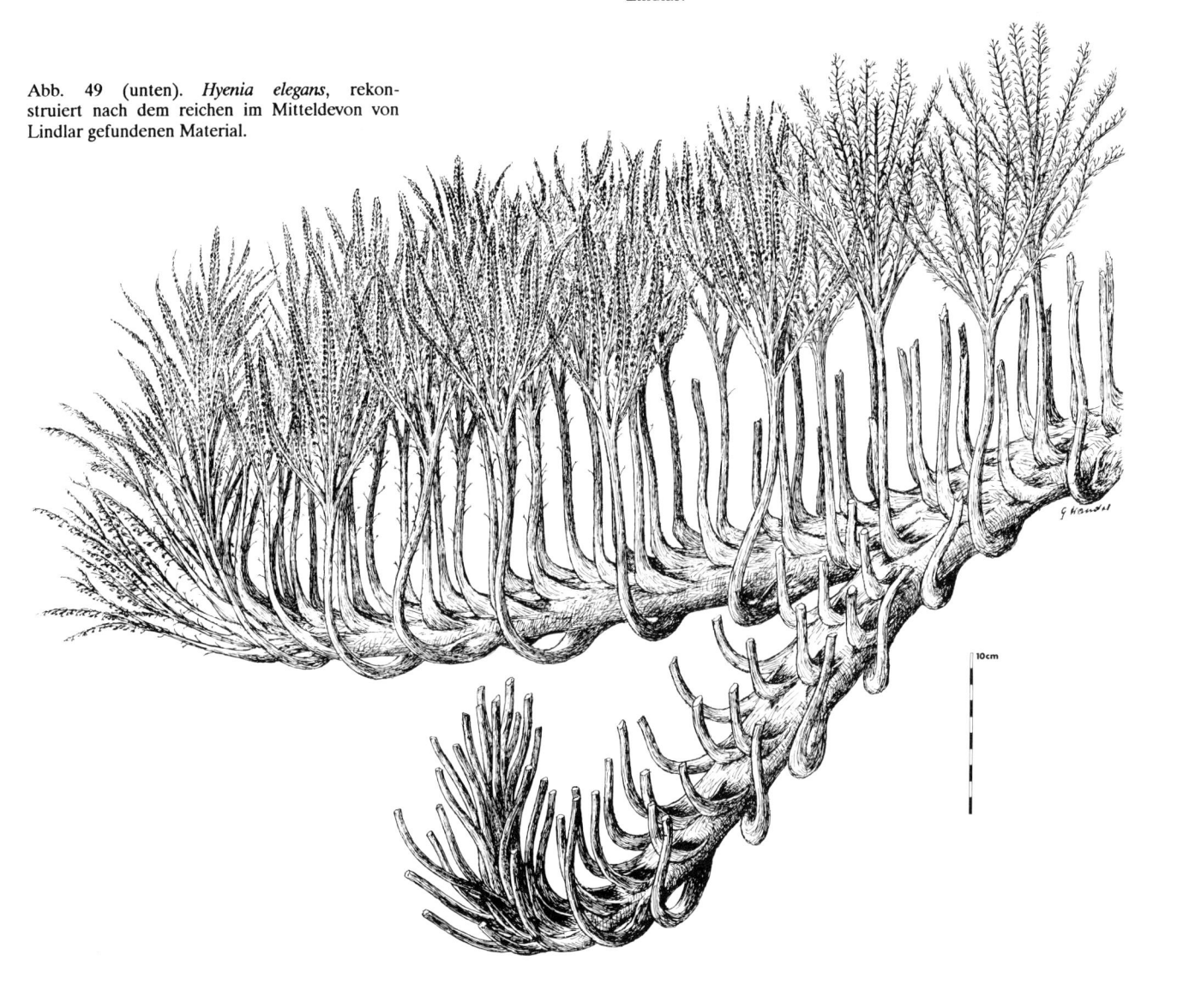

Abb. 49 (unten). *Hyenia elegans*, rekonstruiert nach dem reichen im Mitteldevon von Lindlar gefundenen Material.

Abb. 52 (links), 53 (rechts oben). *Calamophyton primaevum* KRÄUSEL & WEYLAND, sterile und fertile Zweige. Diese früher für einen Schachtelhalmvorläufer gehaltene Pflanze war in Wirklichkeit ein Farn, dessen eingekrümmte Sporangienträger nur entfernt an Schachtelhalme erinnern.

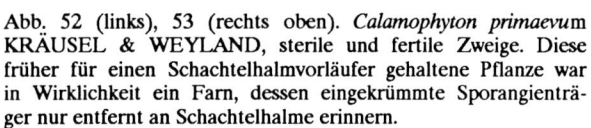

Abb. 54 (rechts unten) zeigt ein beblättertes Zweigsystem von *Hyenia elegans*, um die große Ähnlichkeit mit *Calamophyton* zu demonstrieren.

Beide Gattungen wurden für Vorläufer der Schachtelhalme gehalten, weil ihre Sporangienträger eingekrümmt sind. *Calamophyton* sollte zusätzlich noch eine schachtelhalmartige Knotenbildung an den Achsen aufweisen. Eingekrümmte Sporangiophore sind inzwischen jedoch auch bei eindeutigen Devonfarnen nachgewiesen worden, und die Knotenbildung bei *Calamophyton* ist nur vorgetäuscht. An diesen Stellen befanden sich Steinzellennester in der Rinde, die bei der Fossilisierung weniger schrumpften als das umgebende weichere Gewebe und daher auf den Ach-

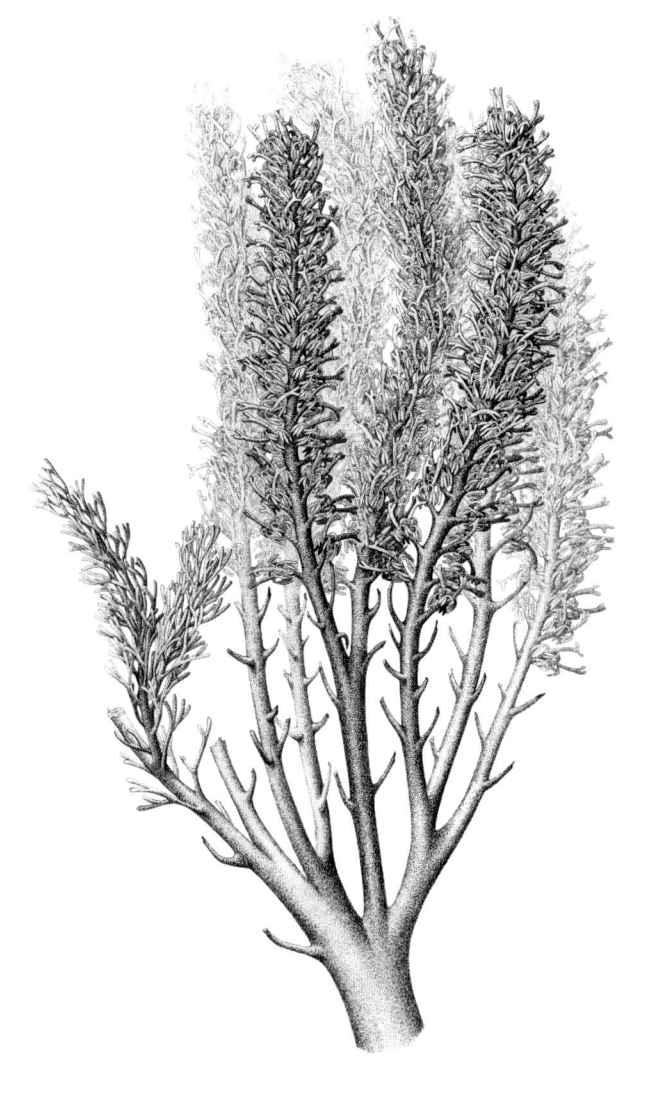

Abb. 55. *Calamophyton primaevum*, Rekonstruktion einer ganzen Pflanze von baumartigem Habitus.

sen erhaben hervortreten. Endgültig bewiesen wurde die Farnnatur von *Calamophyton* durch Achsen mit erhaltener anatomischer Struktur. Sie zeigen den für die Farnordnung der Cladoxylales typischen vielsteligen Bau. Von *Hyenia* ist zwar die Anatomie noch nicht bekannt. Da sich aber die Luftsprosse in der gleichen Weise wie bei *Calamophyton* verzweigen, können kaum Zweifel an der systematischen Zusammengehörigkeit der beiden Gattungen bestehen.

Aneurophyton KRÄUSEL & WEYLAND

Diese Gattung, von der auch die Anatomie bekannt ist, haben KRÄUSEL & WEYLAND als hohen Baumfarn mit schon annähernd in einer Ebene ausgebreiteten Wedeln rekonstruiert. Aber der Zusammenhang von Stamm- und Wedelresten ist nicht sicher erwiesen. Außerdem sind die Wedel zumindest in den unteren Bereichen trifurkat verzweigt, wobei sich die Äste dreidimensional im Raum verteilen. Das Holz ist durch einen abgerundet dreieckigen Querschnitt gekennzeichnet und erinnert an das mancher Nacktsamer. Deshalb wird die Gattung zu den Progymnospermen gerechnet.

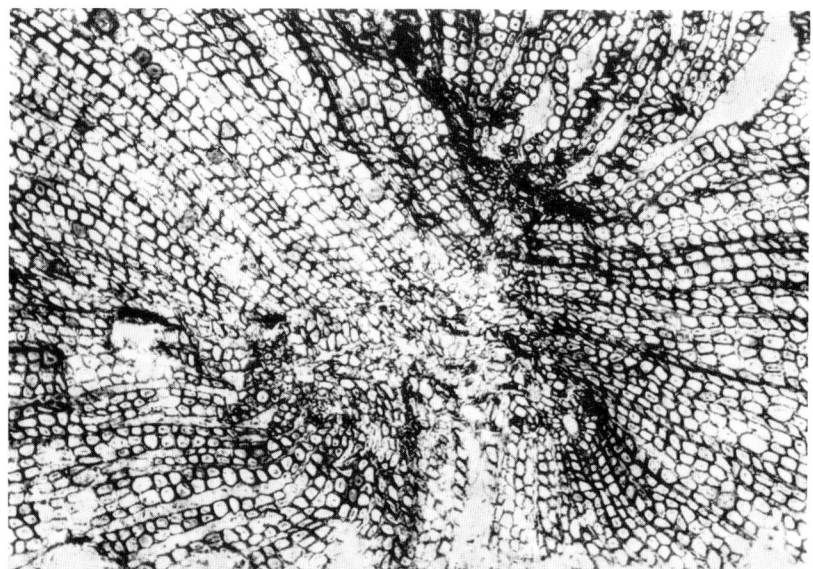

Abb. 56. *Aneurophyton germanicum* KRÄUSEL & WEYLAND, Querschnitt durch das Leitbündel des Stammes dieser frühen Progymnosperme. - Mitteldevon von Wuppertal-Elberfeld. - x36.

Abb. 57. *Aneurophyton germanicum* KRÄUSEL & WEYLAND, Rekonstruktion eines Wedels. Die Pflanze vereinigt in sich primitive und fortgeschrittene Merkmale. Obwohl die Äste noch dreidimensional verzweigt waren und die Vermehrung wie bei den Farnpflanzen durch Sporen erfolgte, enthielt der Stamm schon massives Holz mit sekundärem Dickenwachstum wie die Nacktsamer.

Abb. 58. *Aneurophyton germanicum* KRÄUSEL & WEYLAND, Tüpfel von Leitgefäßen aus dem Stamm. - x1125.

Protopteridium KREJCI

Auch bei dem ebenfalls zu den Progymnospermen gehörenden *Protopteridium* (*Rellimia* ist ein ungültiges, wenn auch häufig verwendetes Synonym) sind die meist trifurkat verzweigten Wedel in allen 3 Ebenen des Raumes ausgebreitet. Die sterilen lateralen Organe erinnern schon stärker an die Fiedern heutiger Farne. Charakteristisch sind die großen, eingekrümmten Sporangienträger, die unterseits zigarrenförmige Sporangien tragen. Aus diesen konnten sogar noch Sporen isoliert werden.

Abb. 59. *Protopteridium thomsonii* (DAWSON) KRÄUSEL & WEYLAND, Rekonstruktion eines Wedels. *Protopteridium* war - wie *Aneurophyton* - ein noch dreidimensional verzweigter Farn mit bereits gymnospermenartig massivem Holz. Die Sporen wurden in eingekrümmten Sporangienträgern gebildet.

Abb. 60 (oben). *Aneurophyton germanicum* KRÄUSEL & WEYLAND Abdruck eines dreidimensional verzweigten Zweigsystems mit einer Trifurkation in Bildmitte. - Mitteldevon. - Wuppertal-Elberfeld. - x2/3.

Abb. 61 (rechts). *Weylandia rhenana* SCHWEITZER, eine seltene Pflanze, die bisher nur im Rheinischen Mitteldevon gefunden worden ist.

Weylandia SCHWEITZER

Diese Pflanze ist äußerst selten und bisher nur in wenigen Exemplaren ausschließlich in Lindlar gefunden worden. Es handelt sich offensichtlich um eine Progymnosperme mit dicht stehenden, zigarrenförmigen Sporangien. Sterile Blätter sind noch unbekannt.

Abb. 62. Lebensbild der Mitteldevonflora von Lindlar.
In den früheren Rekonstruktionen mitteldevonischer Floren wachsen die Pflanzen vorwiegend an Berghängen oder auf dem trockenen Land. Das entspricht aber nicht den tatsächlichen Verhältnissen. Sowohl in Elberfeld als auch bei Lindlar befinden sich die reichhaltigsten Pflanzenfundstellen auf ziemlich niedrigen, vom flachen Meer umgebenen Inseln oder Auftauchbereichen. Hier müssen die Pflanzen bei Meeresüberflutungen in nächster Nähe ihres Wuchsortes zusammengeschwemmt und eingebettet worden sein; denn die Größe und gute Erhaltung ihrer Reste - manche Pflanzen sind fast unbeschädigt geblieben - schließt selbst einen Transport von den nicht weit entfernt gelegenen Schwellen (Remscheider bzw. Ebbe-Schwelle, vgl. Abb. 45) aus. Auf sehr feuchte Biotope weist auch der Bau von *Duisbergia* hin, deren Stamm wohl vorwiegend aus weicherem Gewebe bestand. Allerdings setzten Entwicklung und Vorkommen 2-3 m hoher Bäume wie bei *Duisbergia* und *Calamophyton* sowohl ein funktionsfähiges Leitgewebe als auch einen genügend verfestigten Boden voraus.
Es sind also keine Wattränder mehr, die die Mitteldevonpflanzen bei Elberfeld und Lindlar besiedelten. Man muß sich den Lebensraum vielmehr als eine feuchte, verhältnismäßig ebene Landschaft vorstellen. Bei geringem Anstieg des Meeresspiegels mögen aber zeitweilig salinare oder brackische Bedingungen geherrscht haben. Bei Lindlar wechsellagern mächtige Sandsteinbänke (Mühlenberg-Sandstein) und dünnere tonige Lagen. Die Schichtgrenzen zeigen keine nennenswerten Unebenheiten, wie sie bei einem fluviatilen Rinnensystem mit höherer Transportkraft zu erwarten wären. Dagegen weisen alle Anzeichen auf eine ruhigere Sedimentation mit geringer Strömungsaktivität hin.

Die bei weitem häufigste Pflanze in Lindlar ist *Hyenia elegans*, deren bis 4 cm starke und sicherlich mehrere Meter lang werdenden, mehrfach gabeligen Rhizome auf oder dicht unter der Erdoberfläche krochen und so wesentlich zur Verfestigung des Bodens beitrugen. Links im Bild stehen zwei Exemplare der sehr seltenen *Weylandia rhenana*, die bisher nur in Lindlar festgestellt wurde. In der Mitte überragt ein Bäumchen von *Calamophyton primaevum* die *Hyenia*-Bestände und ganz rechts sind die Gipfeltriebe von *Protopteridium thomsonii* dargestellt, eine der schönsten mitteldevonischen Arten. Leider kennt man ihre unteren Teile noch nicht. Die Ränder der Tümpel werden von *Asteroxylon elberfeldense* umsäumt, das vorwiegend im Flachwasser gedieh und neben normalen Luftsprossen auch besondere Wassertriebe erzeugte. In Ufernähe kam wohl auch die pagodenförmige *Duisbergia mirabilis* vor.

Die Oberdevonflora der Bäreninsel

Auf halbem Wege zwischen dem Nordkap Norwegens und Spitzbergen liegt auf 74° nördlicher Breite die Bäreninsel. Sie ist 80 km² groß und erinnert durch ihre Steilküste sehr an Helgoland. 1609 entdeckten an der Ostküste englische Walroßfänger Kohlenflöze. Die schwedischen Polarforscher NORDENSKIÖLD und MALMGREN brachten von ihrer Bäreninselexpedition im Jahre 1868 zahlreiche pflanzliche Fossilien mit, aber es war nicht zu entscheiden, ob diese oberdevonischen oder bereits karbonischen Alters waren. 1898 und 99 wurde von ebenfalls schwedischen Expeditionen unter NATHORST und ANDERSSON reiches Pflanzenmaterial aufgesammelt. Die Auswertung durch NATHORST (1902) ergab, daß die kohlenbildende Flora in das Oberdevon gehört. Um die Flora genauer zeitlich einzustufen und um den Lebensraum besser rekonstruieren zu können, unternahm der Verfasser in den Jahren 1964, 67 und 70 drei Expeditionen zur Bäreninsel. Dabei wurden erstmals sporenstratigraphische Untersuchungen durchgeführt.

Schon bei der ersten Begehung des Profils zeigte sich, daß die Oberdevonflora der Bäreninsel nicht einheitlich zusammengesetzt ist, sondern daß sich zwei völlig verschiedene Floren unterscheiden lassen. KAISER, Erlangen, ist es gelungen, beide Floren nach Sporen zeitlich sehr genau einzustufen. Die ältere gehört in das oberste Famenne und die jüngere in das Tournai 1a, das höchste Oberdevon. Darüber folgt eine noch jüngere Flora, die wieder anders zusammengesetzt ist und bereits in das Karbon gehört.

Die gesamte, etwa 700 m mächtige Schichtenfolge besteht aus kontinuierlich abgelagerten terrestrischen Sedimenten, vorwiegend grobkörnigen Sandsteinen. Sie wird daher als Ursasandstein-Formation zusammengefaßt. In der Umgebung der Kohlenflöze sind schiefrige Tonsteine eingeschaltet, die meist große Mengen an Pflanzenresten führen.

Der Ursasandstein wird in vier Serien gegliedert:

Kulm-Serie
Tunheim-Serie
Flözleere Sandsteinserie
Misery-Serie

Die Wende vom Oberdevon zum Unterkarbon erfolgte bereits innerhalb der Tunheim-Serie (siehe Tab. 5). Als wichtigstes Ergebnis der sporenstratigraphischen Untersuchungen hat sich herausgestellt, daß die bisher als leitend für das gesamte Oberdevon geltende *Archaeopteris-Cyclostigma*-Flora nur im unteren Abschnitt der Tunheim-Serie vorkommt, der in das Tournai 1a gehört. Sie ist also in Wirklichkeit auf einen sehr eng begrenzten Bereich an der Devon-Karbon-Grenze beschränkt.

Die oberdevonischen Sedimente der Bäreninsel liegen diskordant, d.h. sie sind nach einer Schichtlücke abgelagert worden, über ordovicisch-silurischen Schichten der Hecla-Hoek-Formation. Es hat den Anschein, als hätte die Ablagerung des Ursassandsteines in den Ebenen und Senken der damaligen vom Hecla Hoek geprägten Landschaft unter limnisch-fluviatilen Bedingungen begonnen. Im Transgressionskonglomerat an seiner Basis kommen keine marinen Fossilien, sondern Süßwasserfische (Holoptychien) vor. Die Gerölle im Konglomerat sind wie in Flußschottern sehr groß, und die Schichten halten nirgends über längere Strecken aus, wie dies bei einer marinen Transgression zu erwarten wäre. Statt dessen sind die Schichten mehr linsenförmig entwickelt. In ruhigen Stillwassersenken kam es dennoch zu einer solchen Anhäufung von organischem Material, daß auch im Bereich der Misery-Serie, vor allem im oberen Abschnitt, bis zu 1 m mächtige Kohlenflöze entstanden.

Im untersten Tournai kommen geringfügige marine Einflüsse hinzu. Sie sind vor allem durch Haifischreste (*Cladodus*) und die krebsartigen Eurypteriden in den unteren Lagen der Tunheim-Serie nachgewiesen.

Die *Archaeopteris-Cyclostigma*-Flora besiedelte auf der Bäreninsel Küstenmoore. Die Torfbildung fand unter viel ruhigeren Bedingungen statt, als während der Ablagerung der Misery-Serie. Sie waren so günstig, daß mehrere bauwürdige Kohlenflöze entstanden, die ältesten auf der Erde. Zwei Flöze, das unterste und das oberste, wurden 1916-1925 abgebaut.

Die nördlich Tunheim an der Küste aufgeschlossenen Profile machen auf den Betrachter den gleichen Eindruck wie Aufschlüsse des Karbons im Ruhrgebiet. Auch der Reichtum an Pflanzenresten ist mit dem des produktiven Karbons vergleichbar, jedoch ist die Anzahl der Arten erheblich geringer.

Leider sind die Pflanzenreste der Bäreninsel meist sehr schlecht erhalten. Häufig erkennt man kaum die Umrisse der Fossilien, besonders bei den zarten Fiedern der Altfarne. Erst unter Xylol oder polarisiertem Licht treten die Konturen besser hervor. Die Bearbeitung der Fossilien stellt daher sowohl an den Wissenschaftler wie an den Zeichner hohe Anforderungen. Für die hier ausgestellten Zeichnungen wurden die Fossilien zunächst in Xylol liegend im polarisierten Licht photographiert. Danach wurden auf den Abzügen die Konturen bei vergleichender Betrachtung des Fossils unter dem Binokular Millimeter für Millimeter mit Tusche nachgezeichnet. Die

KARBON	Kulm-Serie	Visé	*Stigmaria ficoides*, *Lepidophyllum* cf. *lanceolatum*, *Sphenophyllum* cf. *arcticum*, *Sphenopteridium* sp., *Sphenopteris bifida*, *Cardiopteridium spetsbergense*, *Adiantites antiquus*.
	Tunheim-Serie	Tournaisium 2-3	
		Tournaisium 1a	*Pseudolepidodendropsis carneggianum*, *Cyclostigma kiltorkense*, *Pseudobornia ursina*, *Cephalopteris keilhauii*, *C. squarrosa*, *C. tunheimensis*, *Archaeopteris halliana*.
OBERDEVON	Flözleere Sandstein-Serie	Famennium	Im höchsten Bereich erstmaliges, vereinzeltes Auftreten von *Cyclostigma kiltorkense* und *Archaeopteris halliana*.
	Misery-Serie	Fa 2c	
		Fa 2b	*Sublepidodendron isachsenii*, *Sphenophyllum subtenerrimum*, *Cephalopteris keilhauii*, *C. mirabilis*, *C. miserymontis*, *Archaeopteris macilenta*.
		Fa 2a	
SILUR	Hecla Hoek		

Tab. 5. Gliederung der oberdevonischen und unterkarbonischen Ursasandstein-Formation auf der Băreninsel und die darin enthaltenen Pflanzenarten.

so entstandenen Vorlagen wurden schließlich auf dem Leuchttisch auf Transparentpapier übertragen. Die Anfertigung einer solchen Zeichnung nahm oft 4 Wochen in Anspruch.

Das Florenbild des Oberdevons der Băreninsel wird von baumförmigen Bărlappen, Schachtelhalmen und Progymnospermen bestimmt. Besonders eindrucksvoll sind *Pseudobornia*, ein Riesenschachtelhalm von 20 m Höhe, und *Archaeopteris*, eine hochentwickelte Progymnosperme von gleichen Ausmaßen. Die über 1 m lang werdenden farnartigen Wedel stellen die schönsten Fossilien der Băreninsel dar. Oft sind ganze Gesteinslagen mit ihnen erfüllt.

Von erheblicher stammesgeschichtlicher Bedeutung sind auch die Altfarne (Coenopteriden), die in großen Mengen sowohl in der Misery- wie auch in der Tunheim-Serie verbreitet sind, allerdings in unterschiedlicher Zusammensetzung. Wegen ihres sparrigen Baues sind sie jedoch bei der Einbettung fast stets in kleinere Bruchstücke zerlegt worden. So bedarf es zu einer Rekonstruktion ihres ursprünglichen Lebensbildes vieler Fossilien.

Die Altfarne lassen die Herausbildung des in einer Ebene ausgebreiteten Farnwedels aus einem dreidimensionalen Zweigsystem erkennen.

So stellt die Oberdevonflora der Băreninsel in allen Bereichen die Vorstufe zu den Floren der Steinkohlenzeit dar, obwohl sie noch einen ganz anderen Aspekt hat. Mit den baumförmigen Bärlapp- und Schachtelhalmgewächsen sowie der Vielzahl der Farne sind die wichtigsten Pflanzentypen vorhanden. Trotz vieler Bemühungen ist es bisher nicht gelungen, im Oberdevon der Băreninsel echte Samenpflanzen nachzuweisen. Diese sind in anderen Gebieten, z.B. in Nordamerika und Belgien, im Oberdevon gefunden worden.

Bärlapp- und Schachtelhalmgewächse
(Vitrine 11)

Pseudolepidodendropsis SCHWEITZER

Pseudolepidodendropsis ist ein baumförmiges Bärlappgewächs, dessen Habitus noch unbekannt ist. Die auf der Bäreninsel vorkommende Art ist ein gutes Beispiel für die große Variationsbreite der Blattpolster in den verschiedenen Partien des Stammes und der Äste. Auch der Erhaltungszustand kann das Aussehen der Blattpolster stark verändern. Bruchstücke dieser Pflanze sind unter fünf verschiedenen Namen beschrieben worden, ehe der Nachweis ihrer Zusammengehörigkeit gelang.

Cyclostigma HAUGHTON

Die auf der Bäreninsel durch *Cyclostigma kiltorkense* vertretene Gattung ist ein in der Tunheim-Serie der Bäreninsel außerordentlich häufiges Fossil und der wichtigste Kohlenbildner. Im Verlauf von 2 Expeditionen konnten alle Teile der Pflanze geborgen und zu einer Rekonstruktion zusammengefügt werden. Der Stamm erreichte eine Länge von etwa 8 m, und die die Krone bildenden Äste verzweigten sich in 7 Dichotomiefolgen. Sie waren mit langen Blättern besetzt und trugen am Ende die zu Zapfen vereinigten Sporophylle. *Cyclostigma* ist ein unmittelbarer Vorläufer der karbonischen Schuppenbäume.

Die Zwischenstücke (Internodien) zwischen zwei aufeinanderfolgenden Verzweigungen in der Krone sind

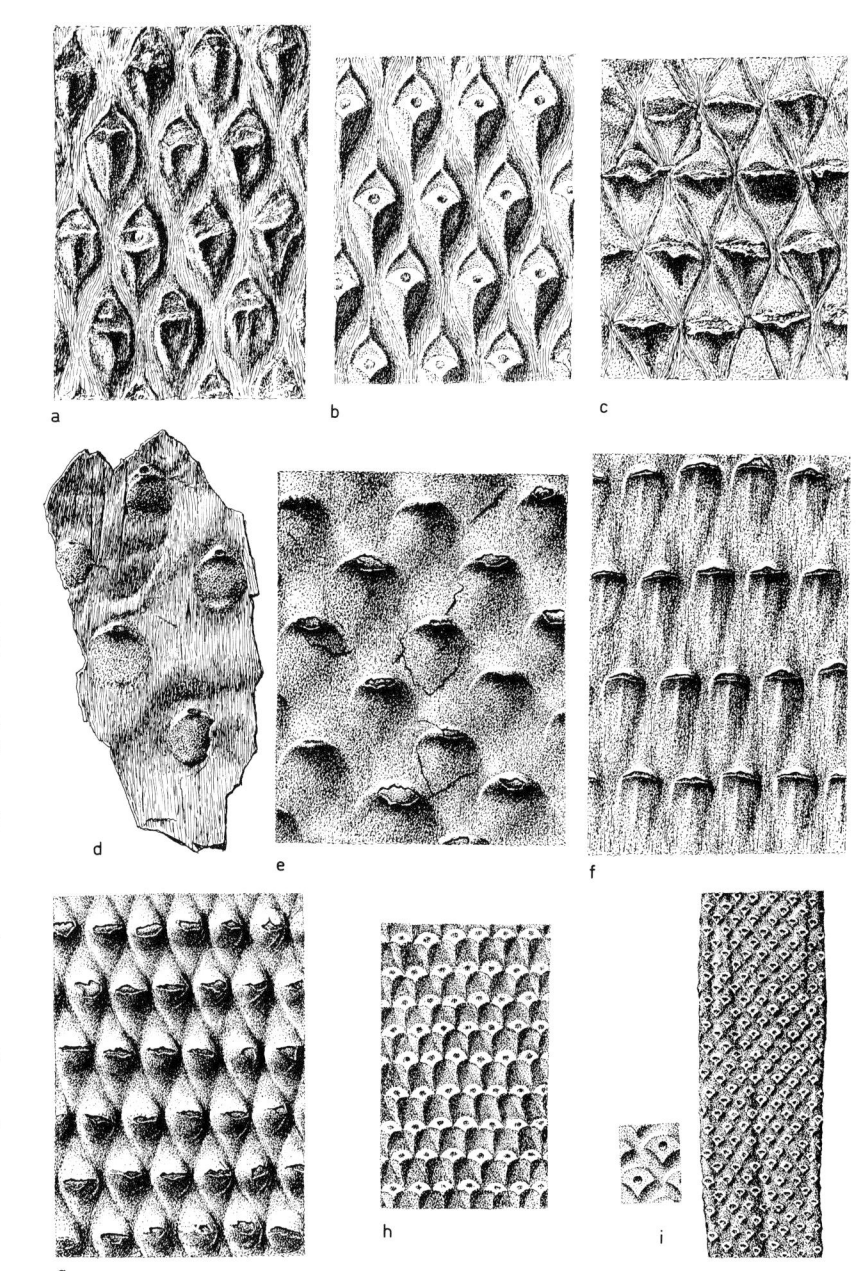

Abb. 63. *Pseudolepidodendropsis carneggianum* SCHWEITZER, Variationen und unterschiedliche Erhaltungszustände der Blattpolster auf der Oberfläche von Stammabdrücken.

a. Normal entwickelte Blattpolster, die meisten etwas verdrückt; in der Mitte Blattansatzstelle mit Leitbündel.

b. Rekonstruktion der Blattpolster mit schräg aufwärts gerichteten Blattnarben.

c. Polster mit zusammengedrückten Blattnarben.

d. Älterer Stammteil mit verlöschenden Polstern.

e. Wie vor., Polster stärker zusammengedrückt.

f. Sehr stark zusammengedrückte Polster eines höheren Stammabschnittes.

g. Kleine, seitlich verdrückte Polster aus der oberen Region eines Baumes.

h. Beginn der Polsterbildung an einem Ast.

i. Jüngerer Ast vor Beginn der Polsterbildung.

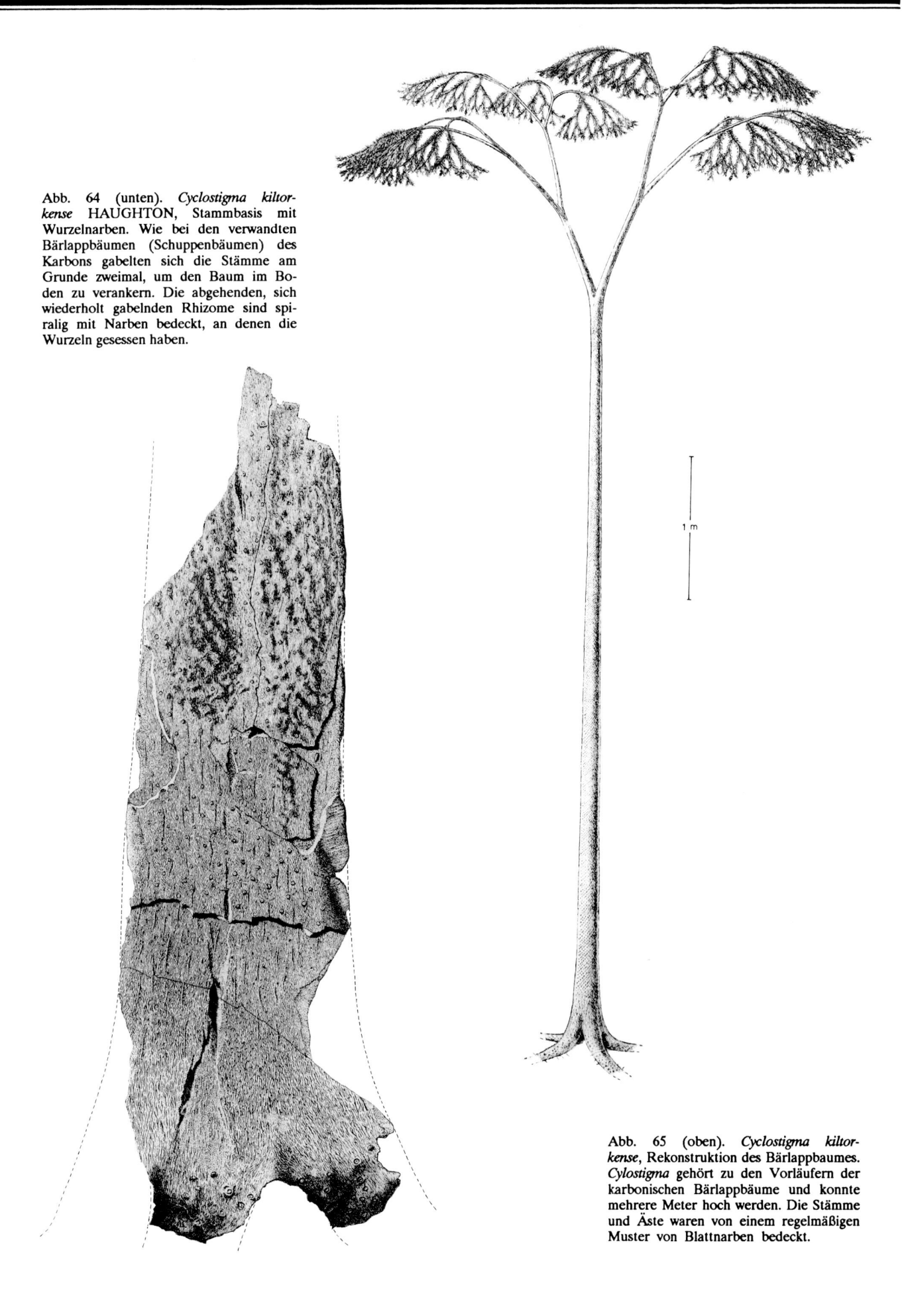

Abb. 64 (unten). *Cyclostigna kiltorkense* HAUGHTON, Stammbasis mit Wurzelnarben. Wie bei den verwandten Bärlappbäumen (Schuppenbäumen) des Karbons gabelten sich die Stämme am Grunde zweimal, um den Baum im Boden zu verankern. Die abgehenden, sich wiederholt gabelnden Rhizome sind spiralig mit Narben bedeckt, an denen die Wurzeln gesessen haben.

Abb. 65 (oben). *Cyclostigna kiltorkense*, Rekonstruktion des Bärlappbaumes. *Cylostigna* gehört zu den Vorläufern der karbonischen Bärlappbäume und konnte mehrere Meter hoch werden. Die Stämme und Äste waren von einem regelmäßigen Muster von Blattnarben bedeckt.

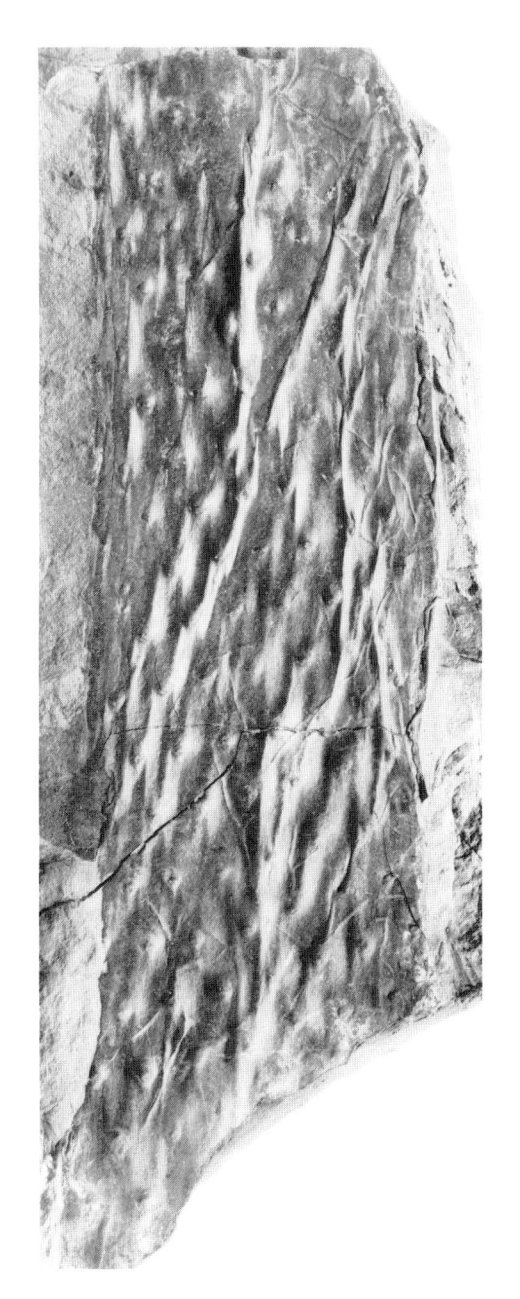

geordneten, großen Narben bedeckt sind. Diese rühren von den abgehenden Wurzeln (Appendices) her. Die Wurzelstöcke und Wurzeln stimmen völlig mit denen der Schuppen-und Siegelbäume des Karbons überein und können daher wie bei diesen als Stigmarien bezeichnet werden.

Abb. 66. Rindenabdruck eines Stammes von *Cyclostigma kiltorkense* mit Blattnarben. - Oberdevon der Bäreninsel.

Pseudobornia NATHORST

Pseudobornia hat man früher als einen kleinen Schachtelhalm mit lang kriechenden Rhizomen (Wurzelstöcken) betrachtet. Es stellte sich dann aber heraus, daß die Rhizome in Wirklichkeit Bruchstücke von Ästen waren, die eine Länge von 5 m erreichten. Im unteren Teil waren sie stets gebogen, im oberen zunehmend gerade. Sie mußten demnach etwa wie die

Abb. 67. *Pseudobornia ursina* NATHORST, Fund eines 10 m langen, noch im Gestein eingebetteten Stammes am Strand der Bäreninsel. Seine auffällige Gliederung beweist die Zuordnung zu baumförmigen Schachtelhalmen.

sehr lang und ein an sich nutzloser Materialverbrauch. Bei den karbonischen Schuppenbäumen sind die Internodien viel stärker reduziert, wodurch sich die Zahl der Verzweigungen und damit auch der fertilen Terminaltriebe beträchtlich erhöht. Die Schuppenbäume konnten sich deshalb viel besser reproduzieren - vielleicht der Hauptgrund für das rasche Aussterben von *Cyclostigma*.
Wie bei *Pseudolepidodendropsis* treten auch bei *Cyclostigma* verschiedene Erhaltungszustände auf. Besonders häufig ist die *Knorria*-Erhaltung, bei der die weiche Außenrinde nicht mehr vorhanden ist und daher die Leitbündel erhaben hervortreten - eine weitere Ähnlichkeit mit den karbonischen Schuppenbäumen. Die Stammbasis von *Cyclostigma* besteht aus Wurzelstöcken, die mit schraubig an-

Abb. 68 (oben), 69 (unten). Blätter von *Pseudobornia ursina*. - 68. Abdruck eines 3x gegabelten Blattes. - 69. Rekonstruktion zweier aufeinander folgender Blattquirle nach einem im Reichsmuseum Stockholm aufbewahrten Fossil. Die Blätter sind viel größer als bei allen anderen Schachtelhalmgewächsen.

Abb. 70. *Pseudobornia ursina* NATHORST, Rekonstruktion des 20 m hoch werdenden Baumes. Durch den Fund eines Stammes am Strand der Бäreninsel (Abb. 67) konnte die beträchtliche Größe dieser Pflanze berechnet werden. Sie kann somit als direkter Vorläufer der karbonischen Calamiten betrachtet werden.

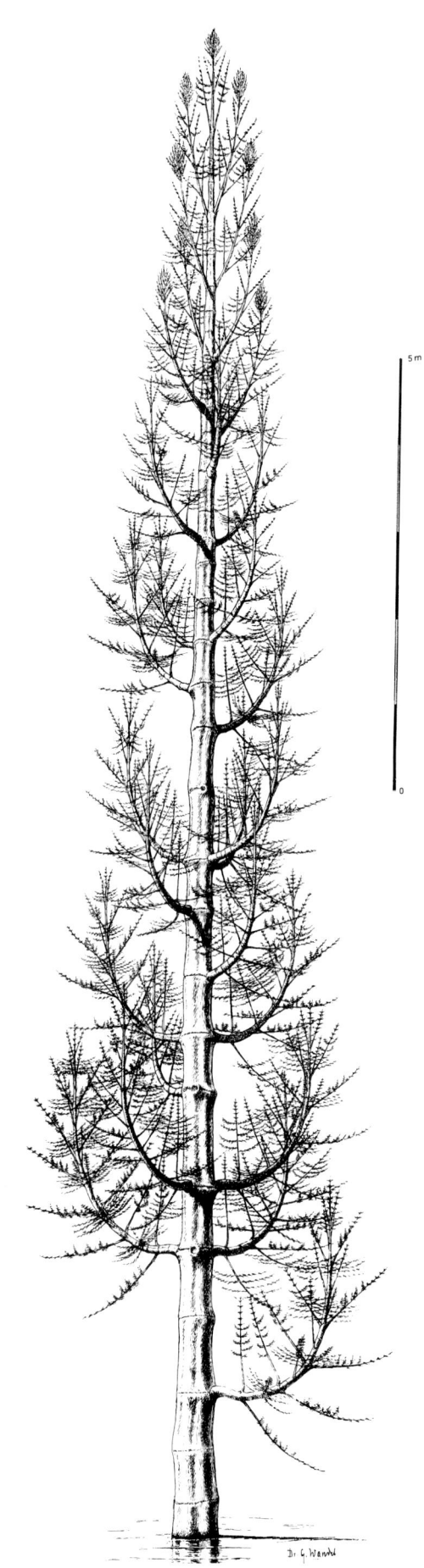

Äste von Pyramidenpappeln von einem Stamm abgegangen sein. Dieser wurde tatsächlich als Abdruck auf einer bei Ebbe freiligenden Klippe gefunden. Er war über eine Länge von 10 m aufgeschlossen. Am unteren Ende - die Basis war nicht einmal erhalten - hatte der Stamm einen Durchmesser von 58 cm, am oberen noch immer einen von 25 cm, so daß er eine Gesamtlänge von etwa 20 m erreicht haben dürfte. Es wurden dann auch alle anderen Teile der Pflanze gefunden, und so war eine Rekonstruktion möglich. Aus einer kleinen kriechenden Pflanze war ein hoher Baum geworden. *Pseudobornia* gehört somit zu einem Vorläufer der großen karbonischen Calamiten.

Formen vor. Sie zeigen sehr anschaulich, wie der Farnwedel im Laufe der Erdgeschichte aus einem dreidimensional verzweigten Astsystem hervorgegangen ist (Abb. 73).

Als Ausgangspunkt kann der trifurkat verzweigte, noch sehr psilophytenhaft wirkende Altfarn *Trimerophyton* aus dem Unterdevon Nordamerikas dienen. Bei dieser Gattung bilden die schraubig angeordneten Äste drei Längszeilen. Dabei entspringen mit scheinbar gemeinsamer Basis jeweils 3 Äste, die sich dann zunächst trifurkat, schließlich aber nur noch gabelig weiterverzweigen. Die Terminaltriebe tragen aufrechte Sporangien.

Altfarne (Coenopteriden) der Bäreninsel

(Vitrinen 13-15)

Wedelbildung bei den Altfarnen (Coenopteriden)

Die bereits im höheren Unterdevon auftretenden Coenopteriden (Vitrine 9) waren im Mitteldevon noch ziemlich selten. Aber im Oberdevon bildeten sie einen wesentlichen Florenbestandteil. So auch auf der Bäreninsel. Hier kommen ganz spezielle

Abb. 72. *Cephalopteris mirabilis* NATHORST, Hauptachse mit um 180° alternierenden Seitenästen. Diese gabeln sich unmittelbar nach dem Austritt, und die beiden Gabeläste schließen einen Winkel von 90° ein. Wie bei *Protocephalopteris praecox* werden Aphlebien gebildet (bei diesem Fossil nicht erhalten). - Misery-Serie, Ob. Famenne. - Ostabfall des Misery-Berges (Bäreninsel).

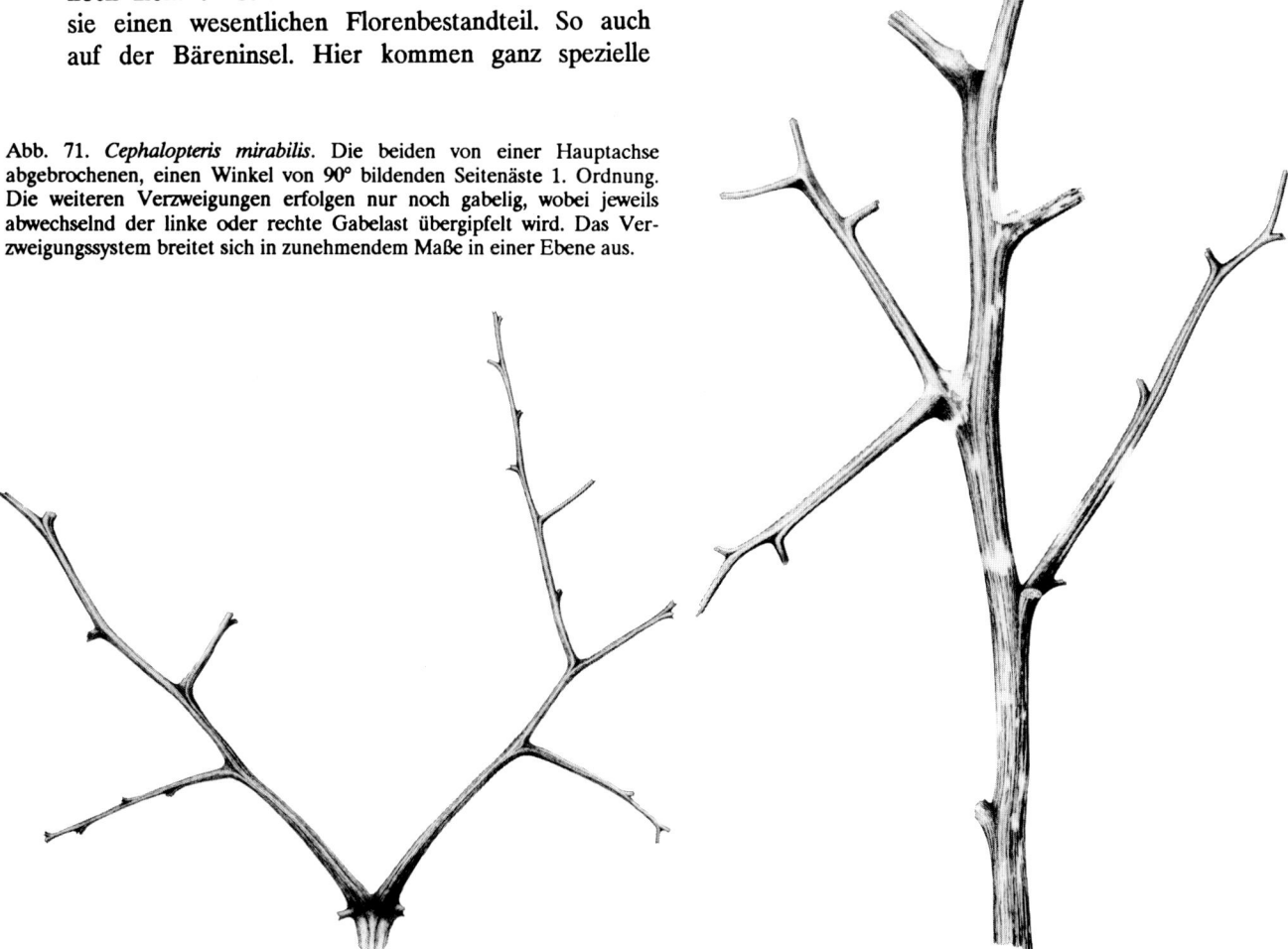

Abb. 71. *Cephalopteris mirabilis*. Die beiden von einer Hauptachse abgebrochenen, einen Winkel von 90° bildenden Seitenäste 1. Ordnung. Die weiteren Verzweigungen erfolgen nur noch gabelig, wobei jeweils abwechselnd der linke oder rechte Gabelast übergipfelt wird. Das Verzweigungssystem breitet sich in zunehmendem Maße in einer Ebene aus.

Abb. 73. Wedelbildung bei den Altfarnen vom Unterdevon zum Karbon. Aus einem dreidimensional verzweigten Sproßsystem gehen durch Planation (Ausrichtung der Äste in einer Ebene) und Verwachsung der ursprünglich tief geteilten Fiederabschnitte Farnwedel moderneren Baus hervor.

Etapteris
Karbon, Perm

Rhacophyton   Oberdevon

Cephalopteris
Oberdevon

Stauropteris
Karbon

Protocephalopteris
Mitteldevon

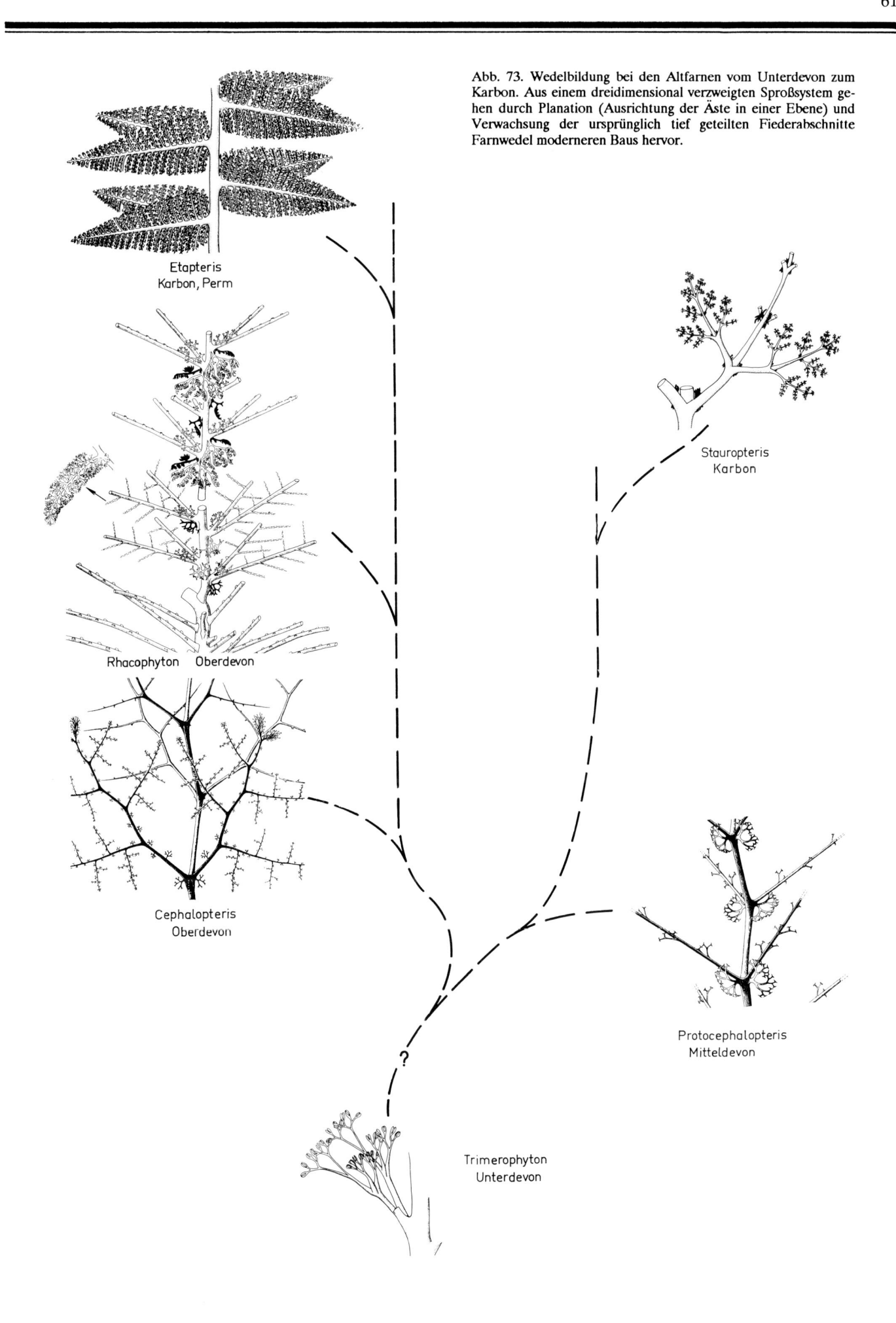

Trimerophyton
Unterdevon

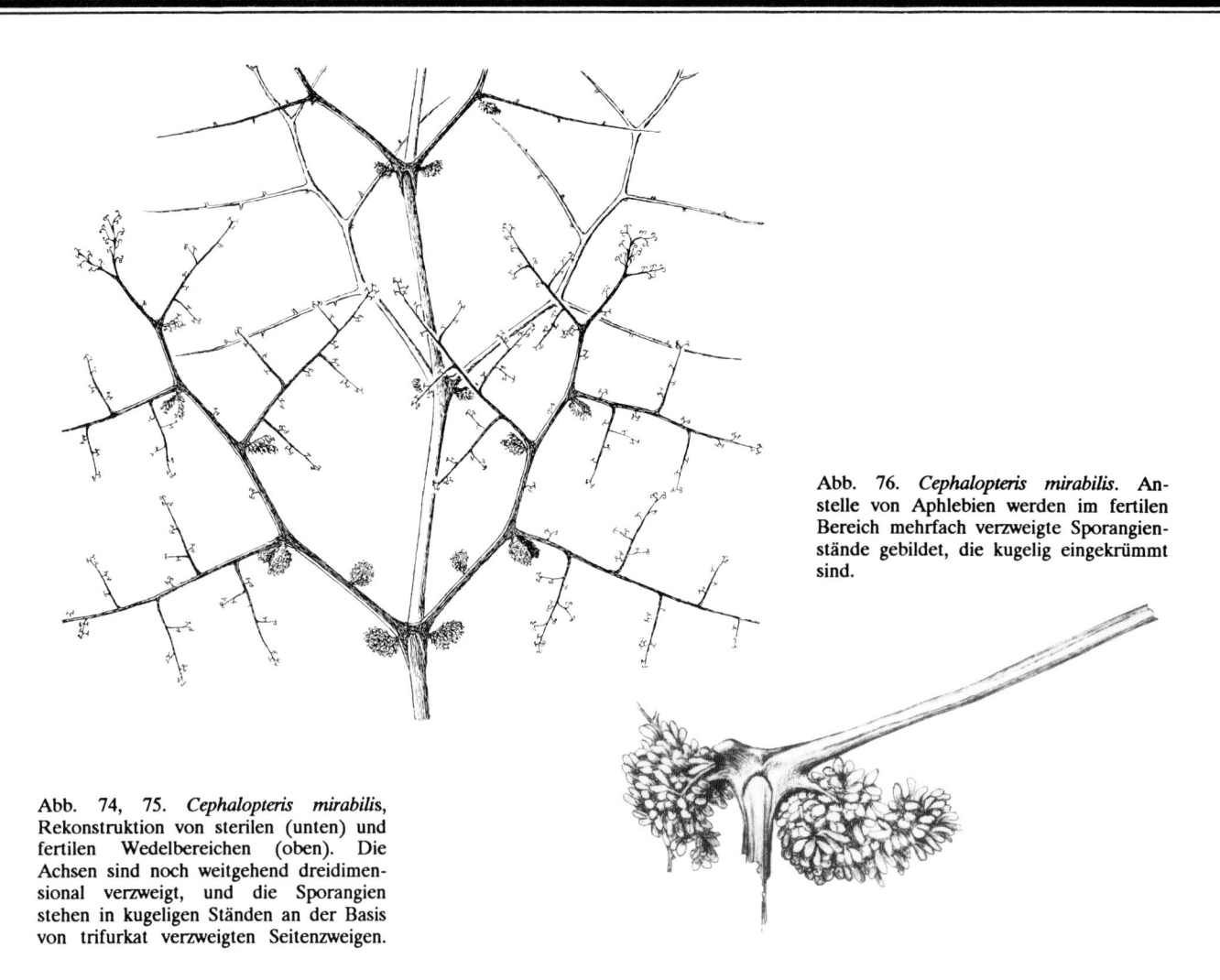

Abb. 76. *Cephalopteris mirabilis*. Anstelle von Aphlebien werden im fertilen Bereich mehrfach verzweigte Sporangienstände gebildet, die kugelig eingekrümmt sind.

Abb. 74, 75. *Cephalopteris mirabilis*, Rekonstruktion von sterilen (unten) und fertilen Wedelbereichen (oben). Die Achsen sind noch weitgehend dreidimensional verzweigt, und die Sporangien stehen in kugeligen Ständen an der Basis von trifurkat verzweigten Seitenzweigen.

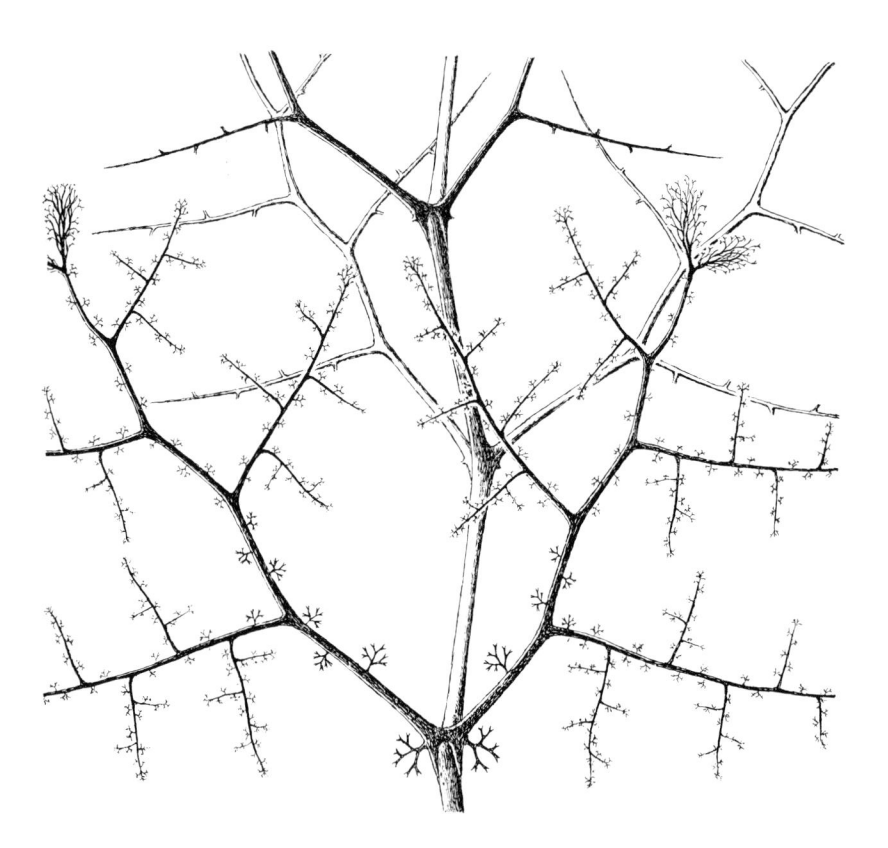

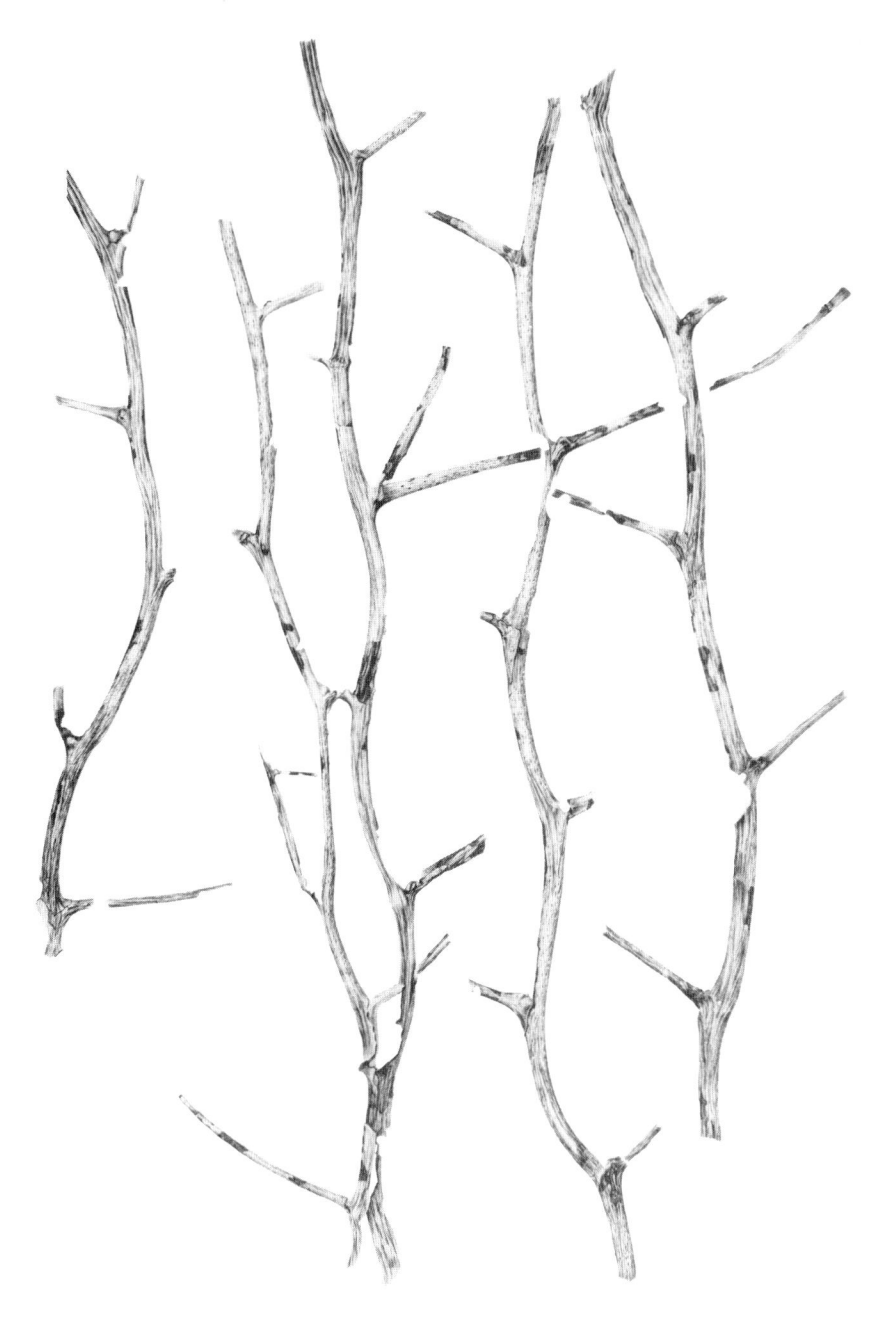

Abb. 77. *Cephalopteris keilhauii* (NATHORST) SCHWEITZER, mehrere nebeneinanderliegend eingebettete Hauptachsen mit abgehenden Seitentrieben. Nur ausnahmsweise ist noch die Trifurkationen erhalten geblieben. - Tunheim-Serie, Tournai 1a. -Kolbukta (Bäreninsel).

Protocephalopteris aus dem unteren Mitteldevon Spitzbergens (Vitrine 14) hat nur noch zweizeilig angeordnete Äste, die um 180° alternierend an der Hauptachse entspringen. Diese Äste 1. Ordnung gabeln sich unmittelbar nach ihrem Abgang, so daß eine Trifurkation entsteht. Aber auch die beiden entstandenen Gabeläste 2. Ordnung teilen sich noch einmal. Eigentlich müßten jetzt vier Äste vorhanden sein. Zwei werden jedoch zu einem Schutzorgan (Aphlebium) reduziert. Der jeweils andere Ast setzt das Wachstum fort. An diesen entspringen in trifurkater Weise kleine sterile oder fertile Zweigsysteme, die sich dann aber nur noch gabelig weiter verzweigen.

Bei der karbonischen Gattung *Stauropteris* liegt ein grundsätzlich gleicher Verzweigungstyp vor, nur sind die noch immer räumlich angeordneten Wedel 5-fach trifurkat verzweigt. Erst die letzte (6.) Verzweigung ist gabelig.
Die Bäreninsel-Coenopteriden sind ähnlich gebaut, weisen jedoch einen großen Fortschritt auf. Bei ihnen entspringen nur noch die Äste 1. Ordnung trifurkat. Alle weiteren Verzweigungen sind gabelig. Bei den primitiven Formen *(Cephalopteris mirabilis* - Vitrine 13) sind die Abstände zwischen den Verzweigungen noch sehr groß und auch die Fiedern tief geteilt. Aber es beginnen sich die Verzweigungsysteme bereits in einer Ebene aus-

Abb. 78. *Cephalopteris keilhauii*, sterile Fiedern. Sie sind nicht so tief geteilt wie bei *C. mirabilis* und *C. miserymontis* und wirken dadurch blattartiger.

Abb. 79. *Cephalopteris miserymontis* SCHWEITZER. Dieser sich durch sehr fein zerteilte Fiedern auszeichnende Altfarn zeigt den gleichen Aufbau wie *C. mirabilis*, trifurkat verzweigte Hauptachse und dichotom verzweigte Seitenäste höherer Ordnung. - Misery-Serie, Ob. Famenne. - Ostabfall des Misery-Berges (Bäreninsel).

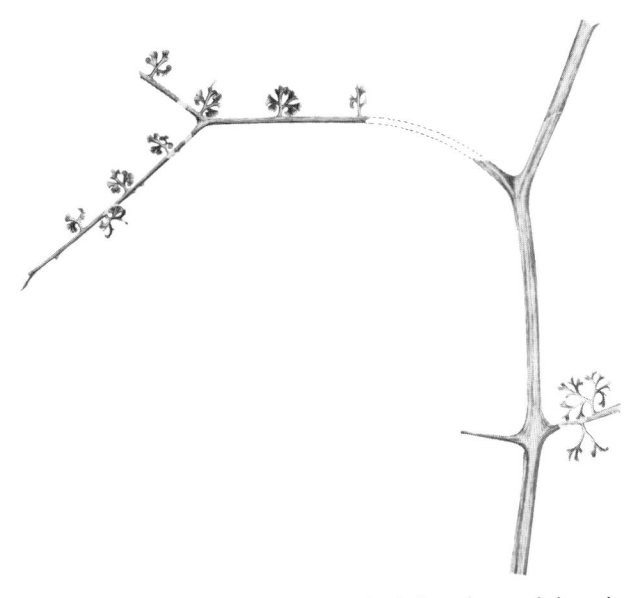

Abb. 80. *Cephalopteris tunheimensis* SCHWEITZER, eine sehr seltene Art mit weit fortgeschrittener Fiederbildung. - Tunheim-Serie, Tournai 1a. - Kapp Olsen (Bären-insel).

Abb. 81. *Cephalopteris squarrosa* SCHWEITZER, Bruchstück aus dem höheren Bereich der Pflanze. Die Hauptachse ist trifurkat verzweigt, die Seitenäste sind aber nur noch gegabelt. Die Fiedern sind sehr groß und wirken nicht blattartig, sondern eher wie ein Zweigsystem. - Tunheim-Serien, Tournai 1a. - Kapp Olsen (Bäreninsel).

Abb. 82. *Cephalopteris keilhauii*, Rekonstruktion eines sterilen Abschnitts der Pflanze.

Abb. 83 (rechts). *Cephalopteris keilhauii*, einziger bekannter fertiler Rest. Die Verzweigung der Sporangienstände erfolgt wie bei *C. mirabilis*, jedoch sind sie nicht eingekrümmt. - Misery-Serie, Ob. Famenne. - Ostabfall des Misery-Berges (Näreninsel).

zurichten, so daß, anders als bei *Protocephalopteris und Stauropteris*, schon Anklänge an 2-dimensional ausgebreitete Wedel vorhanden sind.
Dieser Trend verstärkt sich bei den fortgeschritteneren Arten (z.B. *Cephalopteris keilhauii* - Vitrine 14). Gleichzeitig verkürzen sich die Abstände zwischen den Verzweigungen. Auch die Fiedern sind nicht mehr so tief geteilt und wirken dadurch blattartiger.
Bei der oberdevonischen Gattung *Rhacopteris* und der karbonischen Gattung *Etapteris* ist die Wedelbildung abgeschlossen.

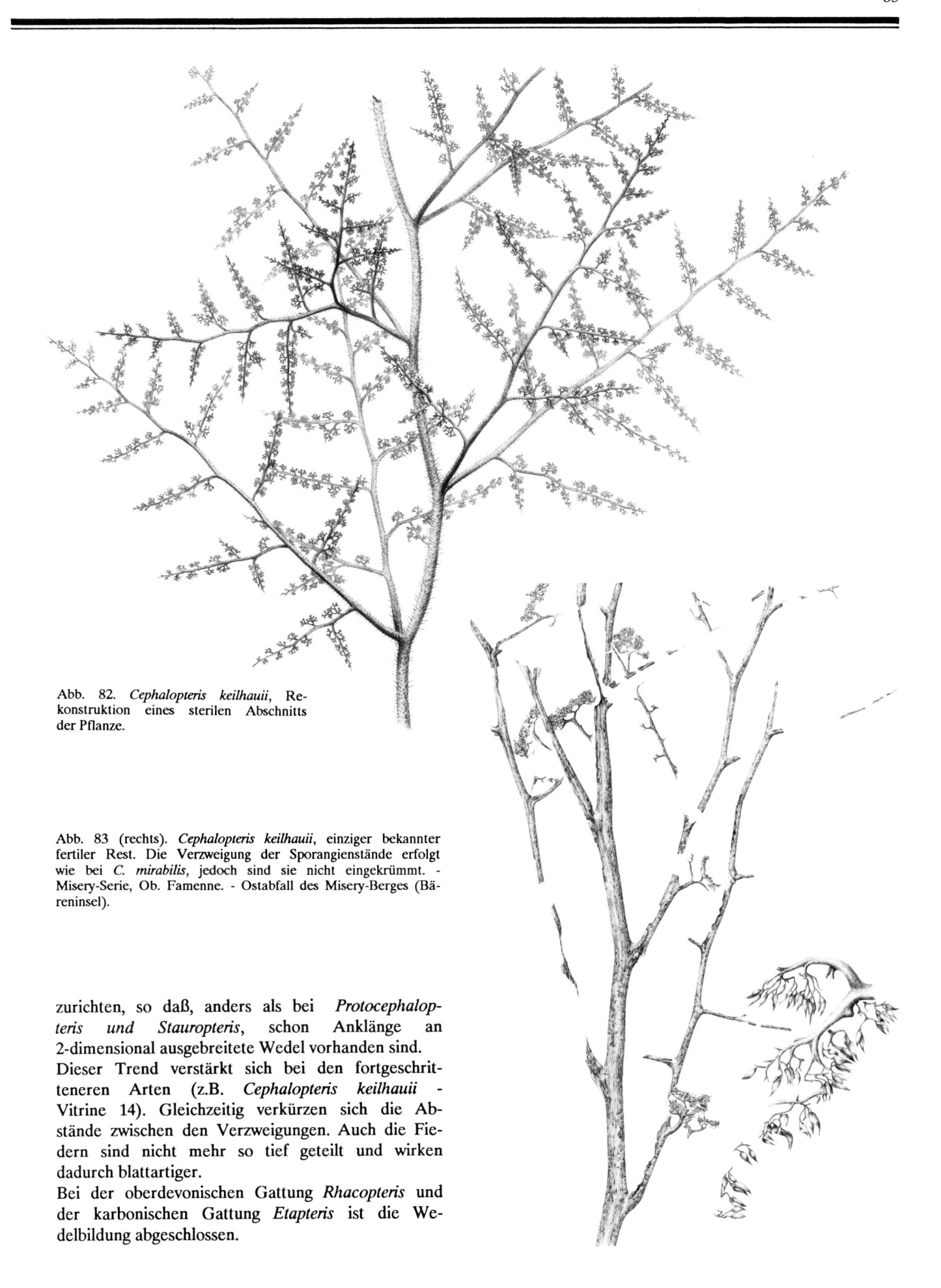

Progymnospermen der Bäreninsel
(Vitrine 12)

Archaeopteris DAWSON und Callixylon ZALESSKY

Die Gattung umfaßt die am höchsten entwickelten Progymnospermen. Es waren mächtige Bäume mit einem an Nadelhölzer erinnernden Holzbau *(Callixylon)*. Von den Stämmen gehen mit verdickter Basis (Abb. 86) starke Äste ab, an denen die gerade noch schraubig angeordneten, sich aber in einer Ebene ausbreitenden großen Wedel entspringen. Diese sind durchaus farnartig. Auch werden - wie bei den Farnpflanzen -noch keine Samen gebildet. Aber es kommen bei manchen Arten schon verschiedenartige Sporangien vor, die entweder nur männliche oder nur weibliche Sporen enthalten (Heterosporie).

Die Archaeopteriden sind somit Sporenpflanzen mit hochentwickeltem Holz, wie wir es heute nur von Samenpflanzen kennen. Sie sind durch das gesamte Oberdevon verbreitet und stellen deshalb wichtige Leitfossilien dar.

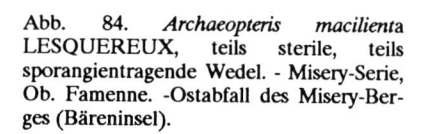

Abb. 84. *Archaeopteris macilienta* LESQUEREUX, teils sterile, teils sporangientragende Wedel. - Misery-Serie, Ob. Famenne. -Ostabfall des Misery-Berges (Bäreninsel).

Abb. 85. *Archaeopteris*, Rekonstruktion eines Baumes aus dem Oberdevon von Nordamerika (aus BECK 1962).

Abb. 87. *Archaeopteris*, Rekonstruktion eines teilweise fertilen Wedelabschnittes (aus BECK 1962).

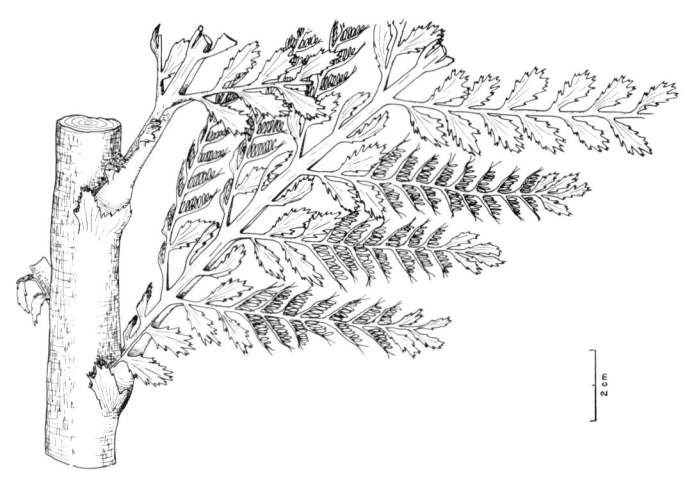

Abb. 88. *Archaeopteris halliana*, sterile Wedel. - Tunheim-Serie, Tournai 1a. - Bei Kapp Forsberg (Bäreninsel).

Abb. 86. *Archaeopteris halliana* (GÖPPERT) DAWSON, unterer Teil eines wedeltragenden Astes mit verdickter Basis. - Tunheim-Serie, Tournai 1a. - Kapp Forsberg (Bäreninsel).

Im allgemeinen sind die Fiedern letzter Ordnung bei den älteren Arten stärker zerschlitzt als bei den jüngeren. Das gilt auch für die auf der Bäreninsel vorkommenden Arten. Bei der älteren, der auf die unteren und mittleren Abschnitte der Misery-Serie beschränkten *A. macilenta* (Abb. 84), ist der Fiederrand tief eingeschnitten, so daß die Fiedern wie gewimpert aussehen, während bei der jüngeren Art, *A. halliana* (Abb. 86-88), die nur sehr vereinzelt in den höchsten Partien der Misery-Serie auftritt, aber im devonischen Teil der Tunheim-Serie einen wesentlichen Florenbestandteil bildet, die Fiedern annähernd ganzrandig sind.

Abb. 89. Vegetationsbild des Oberdevons der Bäreninsel (Misery-Serie).
Während der Übergangszeit zwischen Devon und Karbon erfolgte ein auffällig rascher Florenwechsel, der vor allem mikrofloristisch nachweisbar ist. Auf der Bäreninsel läßt er sich aber auch makrofloristisch nachvollziehen. Zwischen den Florenwechseln haben dennoch jeweils mehrere Millionen Jahre gelegen.
Das Bild zeigt die Flora des höheren Famenne während der Ablagerung der Misery-Serie. Dargestellt ist eine Senke, in welcher vor allem Altfarne (Coenopteriden) vorkommen. Diese sind die weitaus häufigsten Fossilien in der gesamten Misery-Serie und in manchen Lagen in so großen Mengen angereichert, daß sie zu jener Zeit ausgedehnte Bestände gebildet haben müssen. Vereinzelt kam in diesen Beständen eines der ältesten Schachtelhalmgewächse, das zu den Keilblättern gehörende *Sphenophyllum subtenerrimum*, vor. Es ist zugleich der älteste Vertreter dieser im Karbon und Perm weltweit verbreiteten Ordnung und im Bild links vorne zu erkennen. Umgeben ist es von *Cephalopteris mirabilis* mit den kugelförmigen Sporangienständen, einer vor allem in den höheren Partien der Misery-Serie weit verbreiteten Pflanze. Rechts von ihm wächst *Cephalopteris keilhauii*. Diese Art tritt schon in den untersten Lagen der Misery-Serie auf und kommt als einzige auch noch im gesamten oberdevonischen Bereich der Tunheim-Serie vor. Alle drei genannten Arten fand der Verfasser in ein und demselben Gesteinsblock, in welchem außerdem Reste eines baumförmigen Bärlappgewächses, *Sublepidodendron isachsenii*, enthalten waren. Ob diese Art zur gleichen Pflanzengesellschaft gehörte, ist jedoch fraglich. Immerhin wurde sie mehrmals in verschiedenen Horizonten gemeinsam mit den Altfarnen gefunden, und so sind - auch als Konzession an den Künstler, Herrn PIEL aus Bonn, - in ihr vereinzelte Bäume dargestellt worden. Im allgemeinen bevorzugten die baumförmigen Bärlappe aber etwas trockenere Wuchsorte, wie es bei dem kleinen Bestand rechts am Bildrand der Fall ist. Ganz im Hintergrund ist auf einer Anhöhe *Archaeopteris macilenta* zu sehen. Diese farnartige Progymnosperme war am häufigsten im mittleren Bereich der Misery-Serie zu finden. Aus diesen Schichten konnte ANDERSSON 1899 zahlreiche prächtige Wedel bergen. Inzwischen ist jedoch ein gewaltiger Bergsturz erfolgt, durch welchen sie fast vollständig verschüttet wurden. Lediglich ein nur wenige Meter langer Aufschluß ist an der Küste von den Wellen wieder freigespült worden.

Abb. 90. Vegetationsbild des Oberdevons der Bäreninsel (Tunheim-Serie).

Im Gegensatz zur Misery- dominieren in der Tunheim-Serie (Tournai 1a) baumförmige Arten, wenn auch Altfarne keineswegs selten sind. Mit Ausnahme von *Cephalopteris keilhauii* sind es jedoch andere Arten. Die Pflanzengesellschaften besiedelten Küstenmoore, so daß in die Wasserläufe gelegentlich Haifische und die krebsartigen, zu den Spinnentieren gehörenden Eurypteriden eindringen konnten. Beide fand der Verfasser an der bedeutendsten Fundstelle von *Pseudobornia ursina* in der Kolbukta. Dieser Riesenschachtelhalm, der eine Höhe bis zu 20 m erreichen konnte, ist die Charakterpflanze der Bäreninsel. Mit seinen basalen Teilen dürfte er, wie der einheimische Teichschachtelhalm, im Wasser gestanden und ebenso dichte Bestände wie dieser oder die karbonischen Calamiten gebildet haben (Bildmitte). In der Kolbukta sind so viele *Pseudobornia*-Reste durch- und übereinanderliegend eingebettet worden, daß kaum ein Stück unbeschädigt geblieben ist.

In Wassernähe lebend muß man sich wohl auch die Mehrzahl der Altfarne vorstellen, von denen in der Tunheim-Serie außer *C. keilhauii* noch *C. tunheimensis* und *C. squarrosa* vorkommen. Alle Arten stimmen in ihrem morphologischen Bau so weitgehend überein, daß die Unterschiede auf einem Vegetationsbild nicht zum Ausdruck gebracht werden können. *C. squarrosa* erreichte eine ansehnliche Höhe, vielleicht mehr als 2 m, und macht einen solideren, wesentlich starreren Eindruck als die übrigen Arten. Dies ist möglicherweise auf andere Lebensverhältnisse zurückzuführen. Um dies anzudeuten, ist sie auf der linken Bildseite vor und in dem von *Cyclostigma kiltorkense* gebildeten Wäldchen dargestellt worden. Die Art ist aber zu selten, um ein Urteil über ihre Wuchsorte abgeben zu können.

Bei *Cyclostigna* ist dies eher möglich. Zwar liegen noch keine strukturbietenden Reste vor, man geht aber kaum fehl in der Annahme, daß die Stämme und damit auch das wasserleitende System in gleicher Weise wie bei den karbonischen Schuppen- und Siegelbäume entwickelt waren. Von diesen wissen wir, daß sie stärker verfestigten und damit trockeneren Boden zu ihrer Existenz benötigten. Der Biotop ist etwa dem der heutigen Bruchwälder an den Moorgürteln vergleichbar. Es ist jedoch schwierig, dies in einer die gesamte Vegetation umfassenden Rekonstruktion zu veranschaulichen, auf der man noch die einzelnen Arten erkennen kann.

Auf der rechten Bildseite steigt das Gelände stärker an, der Grundwasserspiegel liegt entsprechend tiefer, und der Boden ist noch stärker verfestigt. Hier beginnt der Lebensraum von *Archaeopteris halliana*, dem nächst *Pseudobornia* und *Cyclostigma* wichtigsten Kohlenbildner auf der Bäreninsel.

Summary and Explanation of Text Figures

The Early History of Plant Life

The oldest known traces of life are stromatolites from 3,5 billion year old sediments in West Australia. These structures were most probably formed by cyanobacteria - prokaryotes (unicellular organisms without nuclei). It is assumed that the cyanobacteria already had chlorophyll a, the basis of photosynthesis. The atmosphere in this early stage of earth development was quite different from that of the present day in having no oxygen. During the first 2 billion years the oxygen produced by cyanobacteria was immediately bound by iron-II-ions which occurred in great quantities in the water. About 2 billion years ago the eukaryotes arose from prokaryotes, and this was accompanied by the origin of mitosis, meiosis and sexuality. At the same time red sediments on the old continents, which indicate free oxygen in the atmosphere, first appeared. Not until the Ordovician, however, did the environmental conditions (development of a sufficient ozone layer) allow the plants to settle on land. From the fossil record we know that different groups of thallophytes attempted this step, e.g. the nematophytes (*Foerstia*, *Spongiophyton*), liverworts *(Parka)* and mosses (*Sporogonites*). The first typical land plant with a cormus (*Cooksonia*) occurred in the Upper Silurian.

Lower Devonian Flora of the Rhineland

The Lower Devonian sediments of the Rhenish Massif were deposited under shallow water conditions near the southern border of the Old Red Continent. The low lying areas along the coast were often exposed by sea level fluctuations. These littoral zones with extensive mud flats formed the biotopes of the famous Lower Devonian flora of the Rhineland. In the deeper water grew the treelike seaweed *Prototaxites*, in shallower areas the alga *Buthotrephis* and near the shore - but still submerged - the psilophytes *Taeniocrada decheniana* and *T. dubia*. Along the coastline lived *Zosterophyllum rhenanum* which is often found together with its gametophyte *Sciadophyton* and marine shells. The adjoining salt marshes were inhabited by different psilophytes like *Zosterophyllum, Sawdonia* and *Drepanophycus.* Fossils of the genus *Taeniocrada*, submerged living psilophytes, occur occasionally in such large quantities that even small coal seams were formed. The species in *Sawdonia* and *Asteroxylon* are covered by leaflike spines. However, because they do not contain traces, they are not true leaves. *Drepanophycus* is the oldest plant with leaves. However, the insertion of the sporangia is the same as in the last mentioned genera. Therefore *Drepanophycus* is not considered here as a true lycopod as it is else where treated by other authors. The genus *Psilophyton* is a link between the psilophytes and the ferns. Some higher evolved genera like *Tursuidea*, the oldest fern of the Rhineland, already have trifurcate branched axes.

Middle Devonian Flora of the Rhineland

In Middle Devonian time the situation in the Rhineland changed to almost completely marine conditions. Only a few areas remained terrestrial. During this period psilophytes became extinct. They were replaced by lycopods and ferns. However, the occurrence of true horsetails is still uncertain in the Middle Devonian. At this time the first progymnosperms appeared.
Duisbergia was an erect 2 m high plant with two cycles of vascular bundles inside a thick stem. Its systematic position is uncertain, but it probably belongs to the lycopods. Very common are *Hyenia elegans* and *Calamophyton primaevum* KRÄUSEL & WEYLAND believed that they represent the ancestors of the horsetails. However, their growth habit and anatomical structures place them in the ferns (Cladoxylales). *Aneurophyton* and *Prototopteridium* belong to the early progymnosperms. This group of Devonian plants contains large fernlike plants which produce spores. However, their stems consist of solid wood comparable to that of true gymnosperms.

Upper Devonian Flora of Bear Island

The two Upper Devonian floras of Bear Island are characterized by treelike lycopods and progymnosperms. This vegetation formed the oldest workable coal seams. Two plant bearing series are included in the so-called Ursa Sandstone Formation. The lowermost Misery Series contains three species of the coenopterid genus *Cephalopteris*. Arborescent lycopods (*Sublepidodendron*) and progymnosperms (*Archaeopteris macilenta*) are less common.
In contrast the uppermost Tunheim Series contains tree forming lycopods, especially *Cyclostigma kiltorkense*, a precursor of the Carboniferous lycopod tree *Lepidodendron*. Besides this the Tunheim Series is characterized by *Pseudobornia*

ursina, the oldest arborescent horsetail, and by *Archaeopteris halliana*. Coenopterids are not rare but are dominated by the arborescent plants.

In general, the Upper Devonian flora of Bear Island can be considered as a very highly developed plant assemblage with a distinct Carboniferous aspect. However, true seed plants, as found in North America and Belgium at the same time, are still lacking.

Explanation of Tables *

Tab. 1. The main steps of the origin and evolution of life in the early biosphere.

Tab. 2. Subdivision of the Early Palaeozoic and the main steps of plant evolution.

Tab. 3. Subdivision of the Lower Devonian and the stratigraphic distribution of fossil plants in the Rhineland.

Tab. 4. Subdivision of the Middle Devonian and stratigraphical distribution of the plants in the Rhineland.

Tab. 5. Subdivision of the Upper Devonian and Lower Carboniferous Ursa Sandstone Formation of Bear Island and its fossil content.

Explanation of Text Figures *

Text fig. 1. The stromatolite *Archaeozoon*. Bitter Springs Formation (about 0,8 Billion years). - Amadeus Basin, Central Australia.

Text fig. 2. The stromatolite *Collenia*. Transvaal Formation (about 2,2 Billion years). S-Simbabwe, Africa.

Text fig. 3. Reconstruction of Lower Devonian mud-flats.
In KÖPPEN quarry near Waxweiler (Eifel) river deposits from the Old Red Continent are interlinked with mud-flat sediments of the Lower Devonian sea. Sediment types and structures as well as fossil content are indicated.

Text fig. 4. Oscillation ripple marks from a mud-flat deposit (text fig. 3). They are originated of wave motion in shallow water.

Text fig. 5. *Sporogonites exuberans* HALLE, a

---
*Translated by F. Schaarschmidt

Lower Devonian moss; sporangium with a long stalk and a hood (operculum). The operculum will be removed during maturation (x4). - Upper Siegenian. - Bleiberg near Maubach, Eifel.

Text fig. 6. An impression of *Cooksonia bohemica* SCHWEITZER joining marine graptolites (*Pristiograpthus ultimus*) from the Silurian of Bohemia. The specimen is the most complete one of this genus of earliest cormophytes ever found. - Pridoli-beds, Upper Silurian. - Dlauhá hora near Beraun.

Text fig. 7. The life cycle of the extant fern *Polypodium vulgare*.

Text fig. 8. The life cycle of the Psilophyte *Zosterophyllum rhenanum* from the Lower Devonian of the Rhineland. The life cycle is similar to that of *Polypodium* but with a larger gametophyte.

Text fig. 9. Paleogeographic map of the Rhineland during Siegenian with the littoral transition ("litoraler Übergangsbereich") of the Upper Siegenian (vertical lines = red sediments, dots = Taunus Quartzite, horizontal lines = Hunsrück Slate).

Text fig. 10. Paleogeographic map of the Lower Emsian of the Rhineland.

Text fig. 11. Reconstruction of the plant succession from the sea to the land in the Rhenish Lower Devonian in a quarry near Waxweiler (Eifel).

Text fig. 12. During low tide emerged seaweeds (*Zostera nana*) at the the North Sea coast.

Text fig. 13. Stocks of *Salicornia europaea* and *Spartina townsendi*.

Text fig. 14. Stocks of *Puccinellia maritima* and *Salicornia europaea* inbetween mud cracks.

Text fig. 16 (below), 17 (right): The treelike alga *Prototaxites* has had stems of 1/2 m in diameter and reached a height of about 20 m. Because the tissue of the stem doesn't contain tissue similar to higher plants, the genus must belong to the algae.
Pachytheca should have been the fructification of *Prototaxites*. - 16. Basal portion of a 42 cm thick *Prototaxites*-stem. - 17. Reconstruction of *Prototaxites hefteri* (SCHAARSCHMIDT) SCHWEITZER.

Text fig. 18. The *Pachytheca*-fructifications consist of a central 'mark' and two layers of 'bark'. The adult fructifications became mucous and produced carpospores. They left the fructification by a canal.

Text fig. 19. The small alga *Buthotrephis rebskei* lived in shallow water. - Lower Devonian of Waxweiler (Eifel).

Text fig. 20. *Taeniocrada decheniana* (GÖPPERT) KRÄUSEL & WEYLAND was the most abundant species of the Rhineland and lived under marine conditions. Remains are often found together with marine animals. The figure shows a new reconstruction of the plant.

Text fig. 21. Transition from terminal to lateral positions of the sporangia in the Taeniocrads. - a. Paniculate arrangement of sporangia in *T. decheniana*. - b. Branched lateral twigs in *T. longisporangiata* SCHWEITZER. - c. Single sporangia at small stalkes in *Stockmansella langii*.

Text fig. 22. Sporangia of three species of *Taeniocrada*. - Top: *T. langii*, middle: *T. dubia* KRÄUSEL & WEYLAND, below: ?*T. dubia*. *T. dubia* KRÄUSEL & WEYLAND is predominantly distributed in the Emsian.

Text fig. 23. *Stockmansella (Taeniocrada) langii* (STOCKMANS) FAIRON-DEMARET was not a submerged living plant, but grew in reed-like stocks at river deltas. The characteristically laterally arranged single sporangia are formed to spikes at the ends of the twigs.

Text fig. 24. From *Zosterophyllum rhenanum* KRÄUSEL & WEYLAND not only the whole plant is well known, but also every stage of the life cycle.

Text fig. 25. The sporangia of the rare species *Zosterophyllum fertile* LECLERQ are spirally arranged in spikes. They are much smaller than those of *Z. rhenanum*. - Lower Emsian of Hoffeld (Eifel).

Text fig. 26 (left) and 27 (right). *Zosterophyllum spectabile* SCHWEITZER is known only from one locality. The sporangia are arranged in two lateral lines. - Lower Emsian. - Herfterath (Bergisches Land).

Text fig. 28 (below). *Sciadophyton laxum* (DAWSON) KRÄUSEL & WEYLAND, the gametophyte of psilophytes (e.g. *Zosterophyllum rhenanum*).

Text fig. 29. *Distichophytum mucronatum* MÄGDEFRAU is rare in the Rhineland, but well known in the Lower Emsian of the Eifel and of the Bergisches Land. The sporangia are decorated by crowns.

Text fig. 30. *Gosslingia cordiformis* is found only in the Middle Siegenian of the Area at Laach Lake near Burgbrohl. The species is similar to the English one, but differenciated by cordiform sporangia.

Text fig. 31 (left). *Renalia graberti* SCHWEITZER is the strongest *Renalia*-species with pseudomonopodial branching.

Text fig. 32 (left page), 33 (below). *Sawdonia ornata* HUEBER is known from the Upper Siegenian of the Wahnbachtal. The species is rare in the Rhineland, but abundant in North America, e.g in the Gaspé-Peninsula E-Canada, and in Great Britain. - 32. Leaf-like emergences. - 33. Reconstruction.

Text fig. 34. *Sawdonia spinosissima* SCHWEITZER is known only from the Lower Emsian of Waxweiler (Eifel). It is the most branched species and densely covered by spines.

Text fig. 35. *Sawdonia spinosissima* SCHWEITZER out of the Lower Emsian of Waxweiler (Eifel); twig with sporangia.

Text fig. 36 (below). From the axis protruding stalked sporangia of *Drepanophycus spinaeformis* GÖPPERT.

Text fig. 37. *Drepanophycus spinaeformis* GÖPPERT is a typical plant of the Rhenish Lower Devonian. In the Wahnbachtal few specimens are found in life position.

Text fig. 38. *Estinnophyton (Protolepidodendron) wahnbachense* (KRÄUSEL & WEYLAND) FAIRON-DEMARET is the first real lycopod in the earth history. The lateral organs are branched systems with 4 tops and 2 stalked sporangia at least. The two described species from Wahnbachtal and the Lower Devonian of Belgium are really identical.

Text fig. 39. *Equisetophyton praecox* SCHWEITZER is represented only by one remain of an axis from the Lower Devonian of Overath near Köln (boundary Siegenian/Emsian).

Text fig. 40. *Psilophyton burnotense* (GILKINET) KRÄUSEL & WEYLAND is well represented from the Upper Siegenian and the Lower Emsian of the Rhineland.

Text fig. 41. *Psilophyton arcuatum* (HALLE) SCHWEITZER first described from Norwegia, became one of the most important index fossil of the Lower Emsian in the Rhineland. In North America it is known as *Psilophyton forbesii*.

Text fig. 42. *Tursuidea paniculata* SCHWEITZER, reconstruction of the trifurcately branched axes.

Text fig. 43. Submerged marine flora of the Lower Emsian near Waxweiler.
In the littoral to about 5m depth *Taeniocrada dubia* was abundant. The area below was covered with dense stocks of the alga *Buthotrephis rebskei*. In the background are some specimens of the floating treelike seaweed *Prototaxites hefteri*.

Text fig. 44. Reconstruction of the Upper Siegenian flora of Wahnbachtal near Siegburg.
In the foreground is the starshaped gametophyte *Sciadophyton* between *Zosterophyllum rhenanum* and the rare *Estinnophyton (Protolepidodendron) wahnbachense*. *Drepanophycus spinaeformis* (right margin) is now thought to have been growing in deeper water than shown here. In the background reed like stands of *Stockmansella (Taeniocrada) langii* and some specimens of *Sawdonia ornata* can be seen.

Text fig. 45. Palaeogeographic map of Middle Devonian of Bergisches Land.

Text fig. 46. *Asteroxylon elberfeldense* is covered by leaf-like spines in the lower part of the plant. Traces are not yet entering the emergences.

Text fig. 47 (top). *Duisbergia mirabilis*, impression of the lower part of a stem with scars of the spirally arranged vascular traces. - Middle Devonian of Lindlar (Rhineland).

Text fig. 48 (right). *Duisbergia mirabilis* KRÄUSEL & WEYLAND, reconstruction of the plant with longitudinally arranged leaves. Sporangia are not yet known. The succulent construction of the stem resembles Carboniferous sigillarias.

Text fig. 49 (below). *Hyenia elegans* reconstructed after the rich collection, found in the Middle Devonian of Lindlar.

Text fig. 50 (left), 51 (right). *Hyenia elegans* KRÄUSEL & WEYLAND, sterile and fertile branches. - Middle Devonian of Lindlar.

Text fig. 52 (left), 53 (right). *Calamophyton primaevum* KRÄUSEL & WEYLAND, sterile and fertile twigs. This plant, determined before as a horsetail, is in reality an early fern. It is quite similar to *Calamophyton*.

Text fig. 54 (right below). Branch system with leaves of *Hyenia elegans* demonstrating the similarity with *Calamophyton*.

Text fig. 55. *Calamophyton primaevum*, reconstruction of a whole plant with a tree-like habit.

Text fig. 56. *Aneurophyton germanicum* KRÄUSEL & WEYLAND, transverse section through a stem of this early progymnosperme. - Middle Devonian of Wuppertal-Elberfeld. - x36.

Text fig. 57. *Aneurophyton germanicum* KRÄUSEL & WEYLAND, reconstruction of a frond. The plant compounds primitive and advanced features. Although the fronds are still threedimensionally branched and the reproduction was still at the spore level, the wood was already massiv and similar to that of gymnosperms.

Text fig. 58. *Aneurophyton germanicum* KRÄUSEL & WEYLAND, tips of traces in a stem. - x1125.

Text fig. 59. *Protopteridium thomsonii* (DAWSON) KRÄUSEL & WEYLAND, reconstruction of a frond. The threedimensional branched plant was still a fern with gymnosperm-like fossil wood.

Text fig. 60 (top). *Aneurophyton germanicum* KRÄUSEL & WEYLAND, impression of a threedimensional branched twig, one trifurcation in the centre of the picture.

Text fig. 61 (right). *Weylandia rhenana* SCHWEITZER, a rare plant, known only from the Rhenisch Middle Devonian.

Text fig. 62. Reconstruction of the Mid-Devonian flora of Lindlar in a flat and wet landscape which is suggested to have been flooded by the sea from time to time. The most abundant plant was *Hyenia elegans* with several metre long rhizomes. In the left foreground grow two specimens of the rare *Weylandia rhenana*, a plant which is only known from this site. *Calamophyton primaevum* in the centre and *Protopteridium thomsonii* in the right corner prodrude from the *Hyenia* stocks. The ponds are bordered by *Asteroxylon elberfeldense* and the pagoda shaped *Duisbergia mirabilis*.

Text fig. 63. *Pseudolepidodendropsis carneggianum* SCHWEITZER, variations and differences in the ontogeny and preservation of stem surfaces.
a. Normal developed leaf traces.
b. Reconstruction of leaf-scars.
c. Cushions with compressed leaf scars.
d. Old stem with disappearing cushions.
e. The same, but cushions are more compressed.
f. Very much compressed cushions of a higher stem portion.
g. Small laterally compressed cushions of a higher portion.
h. Early stage of cushions.
i. Young twig before cushions are originated.

Text fig. 64 (below). *Cyclostigma kiltorkense* HAUGHTON, Basis of a stem with root scars. Like in Carboniferous lycopod trees, the stems are forked twice at the basis.

Text fig. 65 (top). *Cyclostigma kiltorkense*, reconstruction of the tree-like lycopod.

Text fig. 66. Impression of the bark of a *Cyclostigma*-stem. - Upper Devonian of the Bear Island.

Text fig. 67. Found of a 10 m long stem at the beach of Bear Island. The remarkable articulation demonstrates the classification as a tree-like horsetail.

Text fig. 68. *Pseudobornia ursina*, compression of a leaf.

Text fig. 69. *Pseudobornia ursina*, a twig with two whorls of leaves.

Text fig. 70. *Pseudobornia ursina* NATHORST, reconstruction of the 20 m high tree. The plant was the precursor of the Carboniferous calamites.

Text fig. 71. *Cephalopteris mirabilis*, typical branching of the frond.

Text fig. 72. *Cephalopteris mirabilis*, main axis with branches. - Misery Beds, Upper Famennian. - Misery Mountain (Bear Island).

Text fig. 73. Transition from threedimensionally branched fronds to planate leaves.

Text fig. 74, 75. *Cephalopteris mirabilis*, reconstruction of sterile and fertile fronds. The axes are still threedimensionally branched. Sporangia in spherical systems.

Text fig. 76. *Cephalopteris mirabilis*. Instead of aphlebias, spherical sporangia fronds are constructed.

Text fig. 77. *Cephalopteris keilhauii* (NATHORST) SCHWEITZER, parallel fossilized main axes. - Tunheim-series, Tournai 1a. - Kolbukta (Bear Island).

Text fig. 78. *Cephalopteris keilhauii*, sterile pinnae, similar to those of *C. mirabilis* and *C. miserymontis*.

Text fig. 79. *Cephalopteris miserymontis* SCHWEITZER. Its architecture is similar to that of *C. mirabilis*. The main axis is trifurcately branched.

Text fig. 80. *Cephalopteris tunheimensis* SCHWEITZER, a very rare species with advanced fronds. - Tunheim Beds, Tournai 1a. - Kapp Olsen (Bear Island).

Text fig. 81. *Cephalopteris squarrosa* SCHWEITZER, remain of a upper part of the plant. The main axis is trifurcately branched. The fronds are quite large and not similar to real leaves. - Tunheim Beds, Tournai 1a. - Kapp Olsen (Bear Island).

Text fig. 82. *Cephalopteris keilhaui*, reconstruction of a sterile part of the plant.

Text fig. 83. *Cephalopteris keilhaui*, the only fertile remain. The arrangement of sporangia resembles *C. mirabilis*, the stalks, however, are not curved.

Text fig. 84. *Archaeopteris macilienta* LESQUEREUX, fronds with fertile and sterile parts. - Misery Beds, Upper Famennian. - Misery Mountain (Bear Island).

Text fig. 85. *Archaeopteris*, reconstruction of a tree from the Upper Devonian of North America (after BECK 1962).

Text fig. 86. *Archaeopteris halliana* (GÖPPERT) DAWSON, a twig with fronds and a thick basis. - Tunheim Beds, Tournai 1a. - Kapp Forsberg (Bear Island).

Text fig. 87. *Archaeopteris*, reconstruction of a part of a frond (after BECK 1962).

Text fig. 88. *Archaeopteris halliana*, sterile frond. - Tunheim Beds, Tournai 1a. - Near Kapp Forsberg (Bear Island).

Abb. 89. Reconstruction of the Upper Devonian flora of Bear Island (Misery Beds).
A valley is shown in which mostly ferns (Coenopterids) occurred. Inbetween different species of *Cephalopteris, Sphenophyllum subtenerrimum* and *Sublepidodendron isachsenii* grew. In the far background a forest of *Archaeopteris macilenta* is visible.

Abb. 90. Reconstruction of the Upper Devonian flora of Bear Island (Tunheim Beds).
In contrast to the Misery Beds treelike plants are predominant in this flora. The most characteristic plant is the tall horsetail *Pseudobornia ursina*, which is suggested to have grown in the water. Near the ponds different species of *Cephalopteris* and *Cyclostigma kiltorkense* occurred. *Archaeopteris halliana* inhabited the dry land.